Kera Rachel Cook

Vom Mädchen zum Model

Faszination *Germany's Next Topmodel*

Inhalt

Vorwort

Die Frage, die man sich stellen muss, wenn man sich wissenschaftlich mit einer bestimmten Thematik auseinandersetzt, beginnt zwangsläufig mit einem Warum. Warum entscheidet man sich genau für dieses eine Thema? Auch ich musste mir diese Frage stellen, als ich mir einen Untersuchungsgegenstand für meine Masterarbeit ausgesucht habe. Ich wollte nicht Arbeit in irgendetwas investieren, um es nachher in der Schublade meines Dozenten verstauben zu sehen. Auch wenn eine Masterarbeit nicht unbedingt denselben Umfang und vor allem nicht denselben Stellenwert wie eine Dissertation hat, war mir von Beginn an wichtig, dass sie ‚Sinn' und ‚Gehalt' hat, dass sie wenigstens einen kleinen Beitrag zum (populär-)wissenschaftlichen Diskurs leistet.

Und so hat mich mein Thema gefunden. Nach meinen eigenen Erlebnissen im Modelbusiness und als Kandidatin von *Germany's Next Topmodel* sowie meiner jahrelangen Erfahrung mit Essstörung und Selbstverachtung war für mich klar, ich muss über dieses Format schreiben. Zwar gibt es bereits etliche Forschungsprojekte zu *GTNM*, aber keines konnte meine Fragen befriedigend beantworten: Was macht die große Faszination vor allem junger Frauen aus und warum ist der Erfolg der Castingshow nach all den Jahren weiterhin ungebrochen? Rückblickend betrachtet, kann ich nur schwer verstehen, was mich damals dazu bewogen hat, mich freiwillig der Bloßstellung durch eine solche Sendung auszusetzen. Dabei bin ich kein Einzelfall. Jedes Jahr strömen aufs Neue tausende junge Frauen zu den Castings. *Germany's Next Topmodel* scheint den Nerv einer ganzen Generation zu treffen. Die Konsequenzen, die der Konsum oder gar die Teilnahme am Format haben können, werden ausgeblendet. Ab und zu melden sich WissenschaftlerInnen, JournalistInnen oder FeministInnen zu Wort, die menschenverachtende und jugendgefährdende Inhalte innerhalb der Show kritisieren – aber diesen Stimmen wird zu wenig Beachtung geschenkt. So berichtet kaum noch jemand über das Buch *Warum seh' ich nicht so aus? Fernsehen im Kontext von Essstörungen*, das in Zusammenarbeit des *IZI* (*Internationales Zentralinstitut für das Jugend- und Bildungsfernsehen)* und *ANAD e. V. Versorgungszentrum Essstörungen* entstanden ist und einen großen Einfluss von *GNTM* auf die mögliche Entwicklung von Essstörungen erkennt. Aber genau aus diesem Grund gilt es meines Erachtens noch einmal einen Ansatz zu wagen und einen neutralen Blick auf die Modelsendung vor dem Hintergrund meiner eigenen Erfahrungen zu werfen. Mit diesem Essay, einer überarbeiteten Version meiner ursprünglichen Masterarbeit, soll die kritische Diskussion erneut eröffnet und mit weiterem Material gestützt werden.

Ich möchte mich an dieser Stelle auch noch einmal in aller Kürze bei Robert Deiß und Simon Drescher bedanken, ohne die dieses Projekt kaum zu schaffen gewesen wäre, sowie bei der Fotografin Sarah Dulay für die Möglichkeit ihr Bild auf dem Cover verwenden zu dürfen.

Kera Rachel Cook

1. Das Bedürfnis nach öffentlicher Aufmerksamkeit und Schönheit

„Denn nur eine von euch kann *Germany's Next Topmodel* werden. Nur eine bekommt den perfekten Start ins Modelleben. Sie kommt auf das Cover der deutschen Cosmopolitan. [...]".[1] Seit nun mehr als zehn Jahren suchen *ProSieben* und Heidi Klum das nächste *Topmodel* Deutschlands. Sie haben es sich zum Ziel gemacht, unter tausenden Bewerberinnen die EINE zu finden, die die Voraussetzungen mitbringt, international erfolgreich als Model zu arbeiten und in die Riege der Topmodels aufzusteigen. Zumindest versuchen sie, den Zuschauer das glauben zu lassen. Doch meist schon mit Ehrung der Siegerin geraten Show und Kandidatinnen bald in Vergessenheit. Während manche Teilnehmerinnen auf roten Teppichen oder in diversen Reality-Formaten ihr Heil suchen, verschwinden andere komplett von der medialen Bildfläche. Nur wenige schaffen wirklich den großen Sprung auf die internationalen Laufstege von New York, London oder Paris,[2] was nicht zuletzt daran liegt, dass die ausgewählten Kandidatinnen, den Medien- und Kommunikationswissenschaftlern Gräßer und Riffi zufolge, eher den Vermarktungsbedürfnissen des Senders denn den Marktbedürfnissen der Branche entsprechen.[3] So heben auch Pörksen und Krischke in ihrem Essay *Gesellschaft der Beachtungsexzesse* hervor, dass das „*Ziel einer Castingshow eine Castingshow [ist]* – nicht die Begünstigung von Talentierten."[4] Obwohl also eher selten Topmodels aus der Show hervorgehen, zählt *Germany's Next Topmodel* auch in der 12. Staffel noch zu den erfolgreichsten Formaten von *ProSieben*, was sowohl die Einschaltquoten betrifft, die trotz sinkender Tendenz weit über dem Senderdurchschnitt liegen,[5] als auch die Attraktivität als Werbeplattform für eine junge, weibliche Zielgruppe.[6]

Doch während die Macher des Formats Millionen an den Werbeeinnahmen verdienen, bleibt den Teilnehmerinnen nach Ende einer Produktion meist nur ein gewisser Bekanntheitsgrad und das Geld für die Jobs, die sie während ihrer Zeit bei *Germany's Next Topmodel* bekommen haben. Und obwohl sich bereits mehrere Kandidatinnen aus den Folgeverträgen der Show herausgeklagt haben, die in der Presse nicht selten als ‚sittenwidrige Knebelverträge' beschrieben worden sind,[7] bricht der Ansturm neuer *Topmodel*-Anwärterinnen nicht ab.[8] Bereitwillig unterwerfen sie sich dem Urteil einer Jury sowie der Meinung der Massen vor dem Fernseher und setzen sich aus freien Stücken der ständigen Beobachtung durch Kameras aus, die auch vor privaten Momenten nicht Halt machen. Für viele junge Mädchen scheint all das ein angemessener Preis zu sein, um mit *Germany's Next Topmodel* um die Welt zu reisen, in luxuriösen Unterkünften zu wohnen und sich von Werbegeschenken überraschen zu lassen, glamouröse Kleider tragen zu dürfen, von professionellen Makeup-Artisten gestylt zu werden und mit international bekannten Fotografen zusammenzuarbeiten. Die Zugangsbedingungen zu dieser Welt von ‚Ruhm und Reichtum' scheinen dabei denkbar niedrig, bedarf es doch im Gegensatz zu anderen Castingformaten weder tänzerischer noch musikalischer Fähigkeiten, die erst mühsam antrainiert werden müssen. Alles, was eine Kandidatin bei *Germany's Next Topmodel* braucht, ist ein den gängigen Idealen entsprechendes Äußeres – schlank, jung und schön – und die Fähigkeit, sich den durch die Show auferlegten Regeln sowie den Ansprüchen von Jury und Kunden bestmöglich zu beugen. Wer diesen stets gut begründeten, teilweise fast demütigenden Forderungen nachkommt und sich den systemimmanenten Richtlinien anpasst,[9] der hat laut Gräßer und Riffi reelle Chancen als Favorit einer Staffel ins Finale einzuziehen und sich von den Zuschauern feiern zu lassen. Der Ansicht der Medienwissenschaftlerin und Medienpädagogin Götz zufolge haben die meisten

Nachwuchsmodels diese Schönheits- und Verhaltensideale durch jahrelanges Rezipieren der Sendung verinnerlicht und warten nur auf ihre Chance, das Millionenpublikum vor dem Fernseher von ihren ‚*Topmodel*-Qualitäten' zu überzeugen.[10]

Vor allem junge, überwiegend weibliche Rezipientinnen als Hauptzielgruppe solcher Formate[11] scheinen von dieser Art von öffentlicher Aufmerksamkeit und Bewunderung besonders fasziniert zu sein, die Shows wie *Germany's Next Topmodel* in ihrem Versprechen auf eine Abkürzung zu Ruhm und Reichtum vermeintlich bieten.[12] So kann die gewillte Zuschauerin jedes Jahr aufs Neue junge Kandidatinnen dabei beobachten, wie sie sich in der Modelshow vom ‚Mädchen von Nebenan' zu öffentlich bekannten Models im Sinne des Formates entwickeln. Und obwohl bis auf wechselnde Teilnehmerinnen und Jury-Mitglieder sowie verschiedene Änderungen im Rahmenkonzept die Hauptinhalte, wie beispielsweise Fotoshootings, Castings für Jobs und Entscheidungen auf dem Laufsteg, von Beginn an immer dieselben sind, besteht der Erfolg des Formats auch weiterhin. Durch die perfekte „Verschränkung von Marketing und TV-Show" gilt *GNTM* als „Cashcow deutscher Castingshows", die „mit die höchsten Werbeeinnahmen überhaupt" generiert. Dementsprechend gibt es „im deutschen Fernsehen kein besseres Konzept, um Werbung für die junge weibliche Zielgruppe" zu schalten.[13]

Auf Basis der bisher angestellten Überlegungen gehe ich davon aus, dass es in diesen Unterhaltungsformaten nicht um die Talentförderung, sondern um den Erfolg einer Show an sich geht und die Sendung demgemäß vor allem auf dem Prinzip ‚je höher die Quoten, desto höher die Werbeeinnahmen, desto erfolgreicher die Show' fußt. Der Erfolg von *Germany's Next Topmodel* spricht hier für sich. Indem es die Macher weiterhin schaffen, Nachwuchsmodels anzulocken, die die Sendung mit Leben füllen, und junge Zuschauerinnen am Fernseher zu halten, bricht der Geldstrom an Werbeeinnahmen nicht ab. Die

Frage, die ich mir stelle ist, welche inszenatorische Generalstrategie hinter dem erfolgreichen Fortbestehen der Show zu erkennen ist und welche persuasiven Kalküle hinter bestimmten Sendungselementen existieren, um gerade die jungen Rezipientinnen davon zu überzeugen, immer wieder einzuschalten oder gar teilzunehmen. Meine These ist, dass bei *GNTM* einerseits darauf gesetzt wird, das Modelbusiness als eine erstrebenswerte Welt des Glamours, Luxus und Ruhms zu konstruieren. Mit dem unterschwelligen Versprechen, dass das 15-jährige Mädchen vor dem Fernseher nächstes Jahr schon selbst auf dem Catwalk stehen und von allen bewundert werden könnte, wird die Modelwelt in vermeintlich greifbare Nähe gerückt. Ein Lebensstil, der sonst eigentlich nur den Reichen und Berühmten vorenthalten ist, wird so auf einmal theoretisch für eine breite Bevölkerung zugänglich. Auf der anderen Seite bietet die Show wiederum zahlreiche Anknüpfungspunkte für den Alltag der Zuschauerinnen. In einer Zeit, die wie die Jugend „subjektiv, aber auch gesellschaftlich, von Unsicherheit, Unplanbarkeit und Perspektivlosigkeit geprägt ist", bietet *GNTM* laut der Sozialpädagogin Stauber jungen Frauen symbolisch einen Weg mit klaren Vorgaben und Verhaltensrichtlinien.[14] Gerade die Kandidatinnen, die ja aus den Reihen der Rezipientinnen kommen und in einem vergleichbaren Alter sind, vielleicht sogar ähnliche Ziele und Ideale verfolgen, dienen den Zuschauerinnen als Modelle und liefern im Sinne der parasozialen Interaktion[15] in ihrer divergierenden Inszenierung zahlreiche Möglichkeiten der Identifikation oder Abgrenzung und damit der Arbeit am eigenen Selbst. Die Show vermittelt also den Eindruck, dass die in der Sendung gezeigte, idealisierte Form der Identitätsentwicklung und Selbstinszenierung, die den Teilnehmerinnen in einem situativ und kontextuell erstrebenswerten Umfeld ermöglicht wird, prinzipiell jedem Mädchen zugänglich ist, das bereit ist, hart genug an sich zu arbeiten.

Indem Nachwuchsmodels und Rezipientinnen aus den bereits genannten Gründen in einem besonderen Verhältnis zu einander zu stehen scheinen, ergibt sich wiederum die Frage, wie diese parasoziale Beziehung zwischen den beiden Instanzen gestaltet ist und wie die Macher der Show sich diese zunutze machen. Die Schlussfolgerung liegt nahe, dass die einzelnen Kandidatinnen unterschiedliche Funktionen innerhalb des ‚Mikrokosmos' *Germany's Next Topmodel* erfüllen. Daher verfolge ich mit meinem Essay die Untersuchung der These, dass die Models in ihrer Inszenierung dazu dienen, diesen Mikrokosmos als eine erstrebenswerte Welt der Bewunderung mit zu konstituieren und dem Mädchen vor dem Fernseher die Möglichkeit geben, sich zwischen einer distanzierenden Ablehnung von schwächeren Teilnehmerinnen, die vielleicht nicht den eigenen Idealen von Schönheit entsprechen oder den erwarteten Verhaltensregeln nicht ausreichend nachkommen, und einer identifikatorischen Verehrung für die Favoritinnen, selbst einzuordnen. Oder um es noch einmal mit anderen Worten auszudrücken: Die Teilnehmerinnen der Show werden strategisch inszeniert, um junge Mädchen als Zuschauerinnen an die Sendung zu binden. Daraus lässt sich wiederum eine weitere These ableiten: Die Show *Germany's Next Topmodel* zeigt entgegen ihres selbstkreierten Images keinen authentischen oder realistischen Weg zum Topmodel, sondern bedient sich strategisch der jungen Protagonistinnen, um kommerzielle Ziele zu verfolgen. Um dieser Vermutung Rechnung tragen zu können, möchte ich *Germany's Next Topmodel* als Format zunächst im medialen Gesamtzusammenhang betrachten.

Die Inszenierung ‚realer' Menschen

Massenmedien, wie etwa das Fernsehen, stellen immer auch einen Spiegel der Gesellschaft dar. Indem die Medienverantwortlichen diese nutzen, um Themen aufzuarbeiten, die sie für gesellschaftlich relevant halten und mit denen sie wiederum in der Lage sind, die gesellschaftlichen Interessen zu beeinflussen, entsteht eine Wechselwirkung von Gesellschaft und Medien. Dementsprechend florieren bestimmte TV-Formate zu unterschiedlichen Zeitpunkten. Während die Fernsehlandschaft im Bereich der Unterhaltung in den 1990ern stark von Talk- und Gameshows geprägt ist, übernehmen zu Beginn des neuen Jahrtausends zunehmend andere Reality-Sendungen wie Castingshows die Führung.[16] *Germany's Next Topmodel* oder *Deutschland sucht den Superstar* zählen in den letzten Jahren mitunter zu den quotenstärksten Eigenproduktionen der TV-Stationen.[17] Als kostengünstige Alternative zu den aufwendig produzierten fiktionalen Spielfilmen und Serien stellen sie eine weit wirtschaftlichere Möglichkeit zur Besetzung der Programmflächen dar.[18] Gerade für die vorliegende Fragestellung nach Aspekten bewusster Inszenierung sind massenkommunikative Formate von besonderer Relevanz. Durch sie gelingt es über große Distanzen hinweg, eine Vielzahl an Rezipienten zu erreichen. Anders als in Face-to-Face-Situationen, die durch die Begrenztheit des Publikums unter Umständen weniger stark zum Tragen kommen, ist vor allem der quantitative Faktor der Reichweite dimissiver Kommunikation von Interesse, da dieser eine Eigendynamik im Rezeptionsverhalten der Zuschauer erzeugen kann. Fangruppen und Starruhm, die Omnipräsenz der Protagonisten in der medialen Öffentlichkeit sowie die virale Verbreitung von massenmedial vermittelten Inhalten sind die Folge.

Castingshows können in ihrer Hybridität von Inszenierung und Authentizität dem Reality-Fernsehen zugeordnet werden.[19] In einer Differenzierung nach Medien- und Kommunikationswissenschaftlerin Keppler kann hier zwischen performativem und narrativem Realitätsfernsehen unterschieden werden.[20] Indem beispielsweise *Germany's Next Topmodel* junge Frauen aus ihrem Alltag in ein konstruiertes

Setting holt, in welchem sie als Modelanwärterinnen verschiedene Aufgaben bewältigen müssen, zählt die Modelshow zum performativen Reality-TV.[21] Die Faszination, die Sendungen im Bereich des Realitätsfernsehens offenkundig zu haben scheinen, wird im Spannungsfeld von Inszenierung und Authentizität sowie im vereinfachten Wechsel von der Rezipienten- in die Akteurs-Rolle generiert. Im Gegensatz zu rein fiktionalen Formaten wie etwa Spielfilmen und Serien, die durch von Schauspielern dargestellte fiktive Erzählungen gekennzeichnet sind, erheben Reality-Shows einen gewissen Anspruch auf Wirklichkeit. Denn statt der Schauspieler werden dem Zuschauer ‚reale', ‚authentische' Menschen geboten, wenn auch in einem hochinszenierten Rahmen. In *Skandalisierung im Fernsehen* erkennen Lünenborg et al. eine Anlehnung diverser Reality-Formaten in ihrem Erzählstil an die narrativen Strukturen von Daily Soaps und dergleichen, weswegen die Übergänge von Faktischem und Fiktionalem verschwimmen.[22] Obwohl die Inszenierung dieser TV-Wirklichkeit vielen Rezipienten bewusst ist, tut dies dem Erfolg der Shows keinen Abbruch. Solange beispielsweise die Emotionen der Akteure vom Zuschauer als echt rezipiert werden, bleibt die Frage nach deren Authentizität irrelevant. Denn im Sinne des Thomas-Theorems: „[if] men define situations as real, they are real in their consequences"[23] können selbst hybride Sendungen wie Realityshows als Wirklichkeit wahrgenommen werden, solange der Rezipient dazu bereit ist, die inszenierte TV-Welt als real anzunehmen. Der Zuschauer, durch jahrelange Sehgewohnheit auf den Rahmen des performativen Realitätsfernsehens eingestellt, bewertet diese also trotz seines Wissens um deren Inszenierung im Großen und Ganzen als authentisch.[24] Indem Rezipienten vordergründig echte Geschichten zu sehen bekommen und dementsprechend aus ‚realen' Vorbildern Schlüsse für das eigene Leben ziehen können, ist Reality-Sendungen meines Erachtens ein verändertes persuasives Potenzial gegenüber fiktionalen Formaten zu eigen.

Dabei muss der Konsument von Reality-Formaten anders als bei Spielfilmen und Serien nicht bloßer Beobachter bleiben, sondern kann mit verhältnismäßig geringem Aufwand in die Rolle des Akteures wechseln. Um als Schauspieler ins Fernsehen zu kommen, bedarf es meist einer langjährigen Ausbildung oder doch zumindest eines gewissen darstellerischen Talentes und langen Durchhaltevermögens. Die Anforderungen an Personen in Reality-Shows sind hingegen deutlich geringer. Nach Ansicht Pörksens und Krischkes reicht hier meist schon der bloße Wille, sich einer Fernseh-öffentlichkeit zu präsentieren und die Bereitschaft, intime Informationen über sich preiszugeben, dann findet sich theoretisch für jeden ein entsprechendes Fernsehformat:[25]

> „[D]ank Castingshows und Reality-TV wechselt eine steigende Zahl normaler Bürger von der Zuschauer- zur Akteursrolle, macht Bekanntschaft mit dem Inszenierungsgeschäft und schafft es einen flüchtigen Moment lang, die Blicke der Millionen anderen auf sich zu ziehen."[26]

Realitätsfernsehen bietet also Menschen, denen der Zugang zu den Massenmedien als Akteur aufgrund fehlender Ausbildung oder Eignung bisher verwehrt blieb, eine Plattform für die Selbstdarstellung mit dem kommunikativen Ziel, sich selbst und andere von der Wichtigkeit der eigenen Person zu überzeugen. Demnach leben diese Formate von dem Bedürfnis einer immer breiteren Masse nach medialer Selbstinszenierung und dem Wunsch nach öffentlicher Bewunderung. Franck beispielsweise bezeichnet Aufmerksamkeit in seiner *Ökonomie der Aufmerksamkeit* als eine der unwiderstehlichsten Drogen, deren Erlangen alles andere übertrumpft, selbst Macht und Reichtum.[27] Aufmerksamkeit und Prominenz, egal wie leistungs- und kompetenzlos sie auch erworben sein mögen, sind Pörksen und Krischke zufolge die Währungen, mit denen vor allem Castingshows die immer neuen Akteure bezahlen.[28]

Der Kampf um Aufmerksamkeit

Weder Castings noch Talentshows sind Erfindungen des neuen Jahrtausends. ‚Gecastet' wird seit die ersten Rollen für Theaterstücke besetzt werden mussten, wenn auch die Auswahl der Darsteller zu diesen Zeiten noch unter anderer Bezeichnung von Statten gegangen ist. Wenn sich auch Sensibilität, Strenge und Diplomatie gegenüber den Teilnehmern zwischen den Castings für Film oder Musical und den medial aufgearbeiteten Massencastings nur wenig schenken, den entscheidenden Unterschied erkennt der Medienforscher Joachim von Gottberg in der Größe des Publikums. Wer bei einem Casting für eine Filmproduktion eine Niederlage einsteckt, tue das in einem Raum in der Anwesenheit einer Hand voll Menschen. Wer in einer Castingshow versagt, hat unter Umständen ein Millionenpublikum als Zeuge.[29] Trotzdem lassen sich Jahr für Jahr neue Menschen auf diese potenzielle Demütigung ein. Wenn auch nicht nur aufgrund der verschwindend geringen Chance die EINE auserwählte Person unter tausenden Bewerbern zu sein, die am Ende als Gewinner aus einer solchen Sendung hervorgeht, dann doch zumindest um der Möglichkeit willen, die Aufmerksamkeit der Massenmedien zu erlangen. Anders jedoch als bei den ursprünglichen Auswahlverfahren geht es laut Gräßer und Riffi in Castingshows in keiner Weise darum, das größte Talent zu finden und brancheninternen Marktbedürfnissen nachzukommen. Während ein Castingaufruf für ein neues Bühnenstück nur bestimmten Agenturen oder Fachschulen zukommt und unter den entsprechend vorgebildeten Darstellern die ausgewählt werden, die den kreativen oder ökonomischen Interessen Rechnung tragen, ist der Zweck einer Castingshow der Castingprozess an sich:

> „Eine Castingshow im Fernsehen ist kein einfacher Talentwettbewerb, in dem das musikalische Können oder die Modeltauglickeit der Kandidaten im Vordergrund stehen. Es ist ein Showformat. Das Ziel ist Unterhaltung. Talent kann wichtig sein, muss aber nicht. Mangelndes Talent erweist sich für die Orchestrierung an der einen oder anderen Stelle sogar als nützlich – für die Macher. Ausschlaggebend ist fast immer die Telegenität oder dramaturgische Qualität der Teilnehmenden: das ›Gesamtpaket‹."[30]

Talent ist also nicht unbedingt das ausschlaggebende Kriterium, welches für den Erfolg in einem solchen Format maßgeblich ist. Wer in einer Castingshow weit kommen möchte, muss eine dem showinternen Regelsystem entsprechende Persönlichkeit mitbringen sowie den Mut zur Grenzüberschreitung im Sinne des Formats – gewagt aber dennoch im Rahmen allgemein anerkannter Normen. So etwas erzeugt Aufmerksamkeit und Aufmerksamkeit ist der Soziologin und Kommunikationswissenschaftlerin Klaus zufolge das, was über Erfolg oder Misserfolg einer Casting-Sendung entscheidet.[31] Viele Teilnehmer geben im Kampf um die Gunst von Jury und Publikum intimste Informationen über sich preis und werden dafür mit dem Weiterkommen in der Show und der Beachtung durch eine mediale Öffentlichkeit belohnt. Ganz im Sinne der Showbedürfnisse wird den Kandidaten aber nur insofern Freiraum für ihre zielgerichtete Selbstinszenierung gewährt, um Jury und Publikum von den eigenen Fähigkeiten zu überzeugen, als sie der Show selbst zuträglich ist. Dabei sind, um mit Pörksen und Krischke zu sprechen, die eigentlichen Gewinner der Sendungen andere, nicht die Teilnehmer, die es besonders weit schaffen, aber meist schon kurz nach Ablauf einer Staffel wieder in Vergessenheit geraten, sondern Produzenten, Manager und andere Medienvertreter, die ihr Geld an der Vermarktung der Shows und der Kandidaten verdienen.[32] Die Absichten der Aspiranten, denen schlussendlich nicht viel mehr als ein kurzer Augenblick der Aufmerksamkeit bleibt, werden somit denen der Hintergrundakteure untergeordnet, wenn nicht sogar einverleibt.

Das Phänomen, dass Aufmerksamkeit für den Einzelnen noch über der eigenen Würde steht, kann mit Franck näher erklärt werden. Er versteht in seiner Aufmerksamkeits-These Beachtung als das zentrale Kapital unserer Gesellschaft. Ihm zufolge „[hängt das] Selbstbewusstsein, das wir uns leisten können, von unserem Einkommen an Aufmerksamkeit ab."[33] Indem Castingshows Prominenz, wenn auch von recht kurzer Dauer, am laufenden Band hervorbringen, stellen sie nach Pörksen und Krischke ‚Aufmerksamkeitsgeneratoren' ohne Gleichen dar.[34] Aus Sicht des Publikums ergibt sich die Faszination im Sinne Francks so einerseits aus der permanent mitschwingenden Verheißung, dass auch sie eines Tages diesen Ruhm durch ein Casting-Format erreichen könnten, und andererseits aus der Möglichkeit, die jede dieser Sendungen eröffnet, andere bei ihrem Aufstieg vom ehemaligen Zuschauer zum gefeierten Star zu beobachten, also selbst zu lernen, wie man prominent wird.[35] Diese Shows liefern demnach einer ‚Gesellschaft der Beachtungsexzesse',[36] ein Mittel, um deren narzisstisches Bedürfnis nach Aufmerksamkeit zu befriedigen.

Durch den suggerierten Realitätsgehalt der Formate wird dem Zuschauer das Gefühl vermittelt, wertvolle Lektionen für den eigenen möglichen Werdegang zu erhalten. Es entsteht der Eindruck einer ebenso unterhaltsamen wie lehrreichen und (im Falle emotionaler Darstellungen) auch bewegenden Einsicht in ein Leben, das man selbst auch führen könnte. Zugleich steigt der Anschein eines erstrebenswerten, glamourösen Lebens in der medialen Öffentlichkeit und dessen einfache Erreichbarkeit über den Weg der Castingshow. Gerade junge Heranwachsende, insbesondere weibliche Jugendliche, lassen sich stark von den TV-Formaten beeindrucken.[37] Häufig sind es eben diese Zuschauerinnen, die sich irgendwann selbst bei *Germany's Next Topmodel* und dergleichen bewerben: „Nicht selten erzählen die

Kandidaten, dass sie jede bisherige Staffel verfolgt haben und nun ihr Traum wahr werde, endlich selbst dabei zu sein."[38]

Berufswunsch Model

Die seit 2006 auf *ProSieben* ausgestrahlte Castingshow *Germany's Next Topmodel by Heidi Klum* basiert auf dem Konzept der von Tyra Banks ins Leben gerufenen Show *America's Next Top Model*.[39] Insgesamt wurden bisher zwölf Staffeln des deutschen Ablegers gedreht. Der große Erfolg der Sendung liegt nicht zuletzt in der Vereinigung zweier gesellschaftlich erstrebenswerter Konzepte, die die Bewunderung durch eine breite Öffentlichkeit versprechen. So vertritt sie auf der einen Seite die Fernsehcastinglandschaft mit ihrer vermeintlichen Abkürzung auf dem Weg zu Ruhm und Reichtum. Auf der anderen Seite steht *Germany's Next Topmodel* aber auch für die Modelbranche und ihrer Erhebung von Körper und Schönheit zu Statussymbolen und dem damit verbundenen Aufmerksamkeitsversprechen auf Grundlage von Schönheit sowie der Option auf Ruhm und Reichtum.

Ashley Mears erläutert in ihrem Buch *Pricing Beauty*, warum ein Beruf, der prinzipiell weder geregelte Arbeitszeiten, noch Gesundheits- oder Altersvorsorge bietet und dessen Laufzeit für die meisten auf wenige Jahre beschränkt ist, vor allem von jungen Frauen als erstrebenswert erachtet wird. In den Köpfen der breiten Bevölkerung sei das Wort Model mit einer luxuriösen, glitzernden Welt verbunden. Abgehoben von der breiten Masse schweben sie in den neusten Markenkleidern über den Laufsteg oder werden an die schönsten Orte der Erde geflogen, um dort von international bekannten Fotografen abgelichtet zu werden.[40] Die Zugangsbedingungen für den Modelmarkt und damit die scheinbare Möglichkeit auf Ruhm und Reichtum seien dabei relativ gering. Immerhin bedarf es keiner spezifischen Fertigkeiten oder schulischen Bildung. Die Angebotsüberflutung des Marktes sei die schlüssige Konsequenz, welche dazu führe, dass es aufgrund der Nachfragesättigung nur einige wenige schaffen, die Spitze und damit eine gewisse finanzielle Sicherheit zu erreichen. Der Großteil der Mannequins habe auf einem als „highly volatlie and turbulent, marked by uncertainty, imitation, inequality, and high turnover" verstandenen Markt kaum eine Chance.[41] Viele nähmen hohe Schulden bei ihren Agenturen auf, weil sie doch noch auf den großen Durchbruch hoffen. Auf den ersten Blick erfüllen sie alle Voraussetzungen, derer es bedarf: die entsprechende Größe und geforderten Maße, ein jugendliches Erscheinungsbild, reine Haut, gesunde Zähne und symmetrische Gesichtszüge.[42] Trotzdem bleibe ihnen der Erfolg verwehrt, weil sie nicht dem Typ Frau oder Mann entsprechen, der im Augenblick bei Modemachern gefragt ist. Dem Konsumenten bleiben nach Mears die Prozesse im Hintergrund dabei jedoch verborgen. Er sehe nicht, welchen Weg die Models hinter sich haben und wie viel Arbeit in der Präsentation eines Produktes steckt, sondern einzig das glamouröse Image, das die Verantwortlichen in den Laufstegshows oder Bildern transportieren. Und so würden Models weiterhin als „lucky winners in some 'genetic lottery'" gesehen, deren außergewöhnliche Erscheinung vom sozialen Umfeld in besonderer Weise Bewunderung finde und deren Erfolg allein von der erbrachten Leistung abzuhängen scheine.[43] Schönheit führt dieser Vorstellung entsprechend also offenbar zu öffentlicher Aufmerksamkeit, oder, um es anders auszudrücken, Schönheit wohnt per se ein Aufmerksamkeitsversprechen inne, welches durch den Beruf des Models gefördert wird. Doch dieses Versprechen kann nie erfüllt werden, da ein Ankommen insofern unmöglich bleibt, als Schönheit immer relativ ist, beliebig steigerbar und in der Modebranche eigenen Regeln folgt. Aber genau zu dieser wegen ihrer Schönheit bewunderten Welt gewährt *Germany's Next Topmodel* einen Zutritt.

Wie ich bereits festgehalten habe, gehören jugendliche Mädchen und junge Frauen zur Hauptzielgruppe von Castingshows im Allgemeinen und von *Germany's Next Topmodel* im Speziellen. So hat beispielsweise der *Medienpädagogische Forschungsbund Südwest* in einer Studie aus dem Jahr 2011 herausgefunden, dass zwar nur 16 Prozent der Jungen im Alter von 12 bis 19 Jahren die Modelcastingshow sehen, aber immerhin dreißig Prozent der Mädchen im selben Alter.[44] Während männliche Jugendliche die Sendung nach Götz und Gather vor allem wegen der schönen Menschen und Fotos sehen sowie um zu lästern und zu lachen, stehen bei den Mädchen das Mitfiebern mit den Favoritinnen, die schönen Kandidatinnen, Fotos und Locations und das Beobachten des Modelalltags im Vordergrund.[45] Insgesamt bewerteten sie *GNTM* als besonders positiv, weil es „nicht gespielt [ist], sondern die Realität einer Profession".[46] Ihrer Meinung nach haben die Teilnehmerinnen hier die Möglichkeit, von echten brancheninternen Profis zu lernen und dementsprechend reelle Chancen auch nach Ende der Show erfolgreich als Models zu arbeiten.[47] *Germany's Next Topmodel* zeigt vermeintlich einen Weg ins echte Modelbusiness zu Prominenz und Bewunderung auf, für den es keiner herausragenden tänzerischen oder gesanglichen Fähigkeit bedarf, sondern eben erst einmal ‚nur' eines guten Aussehens. Was junge Frauen sich in der Modelbranche normalerweise über Jahre hinweg erarbeiten müssen, scheint *GNTM* im Schnellverfahren möglich zu machen. Summa summarum kristallisieren sich an erster Stelle also der Gefallen an Schönheit und die Bewunderung des Modelalltags sowie ein diesbezügliches Lerninteresse heraus. Hierin bestätigt sich wiederum der hohe gesellschaftliche Stellenwert des Berufsbildes von Models.

Ich möchte an dieser Stelle drei wesentliche Aspekte hervorheben, die für den weiteren Verlauf meiner Untersuchung von großer Bedeutung sind: Erstens bedient sich das Format erfolgreich rhetorischer

Wirkmomente, um die vornehmlich jungen Zuschauerinnen in Massen anzusprechen und ihnen das Gefühl zu vermitteln, es werde ein realer Ausschnitt aus der Modelwelt für ein breites Publikum zugänglich gemacht. Zweitens geht mit dieser Darstellung ein spezifischer Attraktions-Aspekt einher, der die gezeigte Modelwelt als erstrebenswert und faszinierend zeigt. Und drittens wird die so entstehende, quasi-wirkliche Welt in einen engen Zusammenhang mit den jungen, weiblichen Rezipienten gerückt: Sie erscheint als Spiegel und Vorbild eigener Entwicklungschancen und -risiken und bietet eine Projektionsfläche für das Bedürfnis nach Unterhaltung, helfenden Ratschlägen und emotionaler Ansprache. Eben deshalb möchte ich die hauptsächliche Rezipientengruppe von *GNTM* näher untersuchen und der Frage nachgehen, warum gerade junge Mädchen sich von der Modelsendung so stark beeindrucken lassen und welche jugendtypischen Mechanismen sich die Macher von *Germany's Next Topmodel* aneignen, um junge Frauen von der Relevanz der Show zu überzeugen.

2. Castingshows als Sozialisationsinstanz im Jugendalter

Jedes Alter stellt spezifische Anforderungen an die menschliche Entwicklung. Während dem Psychoanalytiker Erikson zufolge Säuglinge und junge Kinder unter anderem motorische und sprachliche Fertigkeiten ausbilden, ist die Zeit der Adoleszenz neben dem sexuellen Reifeprozess des Körpers unter anderem davon geprägt, die Persönlichkeit zu festigen sowie eine eigene Identität zu gestalten.[48] Als Teil einer Gemeinschaft werden Jugendliche dabei mit Normen, Werten und Anforderungen konfrontiert, auf die sie individuell angepasst reagieren müssen. Im Rahmen ihres gesellschaftlichen Handlungsspielraums dienen ihnen sowohl Selbstmanagement als auch Selbstinszenierung als Hilfsmittel der Identitätsarbeit. In Anlehnung an Erikson bezeichnet die Psychologin Laura E. Berk „Identität als eine der bedeutendsten Leistungen der Persönlichkeitsentwicklung in der Adoleszenz […] und als wichtigen Schritt auf dem Weg zu einem produktiven, zufriedenen Leben als Erwachsener."[49] Um die eigene Identität zu entwickeln, muss das Individuum laut dem deutschen Soziologen Abels verschiedene Fragen auf unterschiedlichen Ebenen für sich beantworten. Mit Blick auf die eigene Biografie, die im stetigen Wandel kaum merklichen Revisionen unterliegt, müsse geklärt werden, wie eine Person geworden ist, wie sie nun ist und wer sie überhaupt sein will. In der Interaktion mit anderen Menschen und in unterschiedlichen sozialen Rollen, welche mit divergierenden Erwartungen an ein Subjekt teilweise im Widerspruch zueinander liegen, müsse das Individuum ein für sich stimmiges Muster erkennen und sich der Bilder, die andere von ihm haben, bewusst werden. Dementsprechend könne also nicht von DER Identität, sondern nur von EINER an entsprechende Situationen angepassten Identität gesprochen werden. Abels entwirft in seinem Werk *Identität* eine Definition, die all diese Bestandteile zu integrieren versucht:[50]

„Identität ist das Bewusstsein, ein unverwechselbares Individuum mit einer eigenen Lebensgeschichte zu sein, in seinem Handeln eine gewisse Konsequenz zu zeigen und in der Auseinandersetzung mit anderen eine Balance zwischen individuellen Ansprüchen und sozialen Erwartungen gefunden zu haben."[51]

Neben der personalen oder persönlichen Identität,[52] die sämtliche äußerlichen wie charakterlichen Merkmale umfasst, „die das Individuum als einzigartig definieren und von anderen Individuen unterscheiden",[53] kann die soziale Identität differenziert werden, die im Sinne Peters die Zugehörigkeit zu sozialen Gruppen beschreibt (z.B. Nationalität, Religion, Politik).[54]

Indem sich gemäß Berk die soziale Welt von Kindern im Jugendalter gegenüber derer im Grundschulalter stetig erweitert, sind sie plötzlich mit dem Druck anderer Erwartungen in verschiedenen Kontexten konfrontiert. Die Jugendlichen müssen sich in Zugehörigkeit und Abgrenzung zu anderen Menschen wie etwa Eltern, weiteren Autoritätspersonen oder Peers ihrem eigenen System entsprechend positionieren. Im Prozess des Erwachsenwerdens komme bei den Pubertierenden einerseits das Bedürfnis nach einer gleichberechtigten Behandlung auf und andererseits der Drang, sich von den Regeln der Erwachsenen zu emanzipieren. Beim Ausagieren der Identität spielen folglich die familiären Verhältnisse, also inwieweit der Jugendliche Freiraum und Rückhalt seitens der Familie erfahre, eine nicht unerhebliche Rolle.[55] Neben den Angehörigen haben Peers einen großen Einfluss auf die persönliche Entwicklung. Während gerade bei jungen Adoleszenten das Bedürfnis, die Zusammengehörigkeit zu Freunden durch Kleidung, Styling, Sprache und gemeinsame Aktivitäten nach außen zu präsentieren, einen hohen Stellenwert habe, nehme der Konformitätsdruck mit steigendem Alter und Reife ab.[56] Dies zeige sich unter anderem in einem stabilen Wissen um die eigene Person. So wisse der gereifte Jugendliche durch Austesten verschiedener Identitätsmodelle über seine eigenen Fähigkeiten und Schwächen Bescheid und ließe sich durch andere Meinungen nicht mehr so leicht beeinflussen, wie vielleicht noch in früheren Phasen der Pubertät.[57] Seine Selbstwahrnehmung sowie bereits bestehende Normen und Wertevorstellungen müssen im Sinne Berks hinterfragt und seinem Selbstverständnis entsprechend neu etabliert worden sein. Nur durch das Vertrauen in das Selbst, das um gefestigte Ansichten erweitert wurde und divergierende Eigenschaften in einem stimmigen Charakter vereint sowie durch eine ungefähre Vorstellung davon, wo das Leben hingehen soll, könne ein intaktes Selbstwertgefühl und eine eigenständige Identität entwickelt werden.[58] Der auf hoher Eigenleistung beruhende Prozess der Identitätsarbeit kann nach Keupp et al. als erfolgreich betrachtet werden, sofern er zwischen den Extremen von absoluter Angepasstheit und narzisstischem Egozentrismus in ein ausgeglichenes Leben mündet, welches dem Subjekt in seiner gelungenen Identität unter anderem Kohärenz, Authentizität, Anerkennung und Handlungsfähigkeit ermöglicht.[59]

Da das Jugendalter allgemein als der Lebensabschnitt verstanden wird, in welchem es in erster Linie darum geht, die Persönlichkeit zu formen und die Weichen für das weitere Leben zu stellen, wird der besondere gesellschaftliche Anspruch an junge Menschen hinsichtlich der Arbeit an ihrer Identität deutlich. Die aktuelle Popularität dieses Begriffes offenbart nicht zuletzt den Handlungsbedarf vieler Individuen bezüglich allgemeiner Erfahrungen von Umbruch und Verlust. Denn Keupp et al. zufolge stellt eine Gesellschaft, welche sich unter den Vorzeichen der Individualisierung, Pluralisierung und Globalisierung im stetigen Wandel befindet, die in ihr lebenden Subjekte entsprechend vor besondere Entwicklungsaufgaben, auf die individuell reagiert werden muss.[60]

Jugendliche zwischen Selbstinszenierung und Selbstmanagement

Der Vorstellung einer individuellen Identität, die es im Unterschied zu den Identitäten anderer Menschen zu entfalten gilt, liegt die Idee zugrunde, dass prinzipiell jedem Individuum ein absolut einzigartiges Wesen innewohnt, welches nur entdeckt werden muss. Am Ziel der entwickelten Identität steht nach Eberlein das Versprechen eines selbsterfüllten und glücklichen Lebens, das nur genug eigener Anstrengung und Arbeit bedarf, um Realität zu werden. Als modernes Individualitätskonzept kommt hier

> „eine radikal individualisierte Form der Sinnstiftung, Selbstthematisierung und der Lebensgestaltung [zu tragen], die Identität und Lebensorientierung unter den Bedingungen der modernen funktionalen Differenzierung der Gesellschaft gewährleisten soll",

und die massenhafte Suche nach der eigenen Einzigartigkeit erklärt.[61] Die Modellierung eines individualisierten Lebensstils, das Streben nach autonomer Selbstverwirklichung und das Erreichen einer gelungenen Identität braucht somit ein in sich stimmiges Lebenskonzept sowie ein an den persönlichen Zielen ausgerichtetes Management der eigenen Person.

Schon Kindern im Grundschulalter wird laut Stauber abverlangt, Fertigkeiten hinsichtlich der Organisation von Zeit, Beziehungen, Lernprozessen und Motivation zu entwickeln. Dem Mythos der Selbstführung gemäß, der ihrer Ansicht nach Belohnung entsprechend der eigenen Anstrengung verspricht, werden spätestens von Jugendlichen Manager-Kompetenzen erwartet.[62] In Eigenverantwortung müsse das Individuum effektiv handelnd und mit der Hilfe von Techniken und Methoden des Selbstmanagements seine persönlichen Ziele erreichen.[63] Ausgehend von der auf Foucault beruhenden Gouvernementalität[64] zeigt sich nach Bröckling in der konsequenten Übertragung von

Management-Qualitäten auf soziale Beziehungen die „Hegemonie managerialen Denkens in nahezu allen Lebensbereichen“, angefangen bei Unternehmen über Schulen bis hin zum Privatleben und dem Familienalltag.[65] Infolgedessen werden von Kindheit an also Fähigkeiten der Selbstführung im Sinne Foucaults Gouvernementalität geschult. Doch dem auf Selbstverwirklichung gerichteten Selbstmanagement und der bewussten Planung als einer der wichtigsten Handlungsstrategien, stehen Stauber zufolge wiederum Willkür und Zufall entgegen, was nicht zuletzt zu unauflösbaren Gefühlen prinzipieller Unsicherheit führt.[66]

Insgesamt leite ich also daraus ab, dass Jugendliche im allgegenwärtigen Wettbewerb um Erfolg und Aufmerksamkeit nicht nur in der Lage sein müssen, sich selbst bestmöglich zu managen, sondern ebenso etwaige Enttäuschungen konstruktiv und produktiv in ihrem Selbstbild zu verorten. Dem Jugendlichen im schwierigen Prozess der Identitätsarbeit, dem nicht zuletzt Selbstmanagement als Hilfsmittel zu dienen scheint, kann die Selbstinszenierung, die Stauber als individuelle und kollektive Handlungspraxis zur Erprobung der eigenen Handlungsfähigkeit benennt,[67] zumindest eine teilweise Linderung schmerzhafter biografischer Brüche sein. In der starken Auseinandersetzung mit der eigenen Persönlichkeit sieht Elkind den sogenannten ‚jugendlichen Egozentrismus‘ begründet, der vor allem zu Beginn und Mitte der Pubertät eine entscheidende Rolle spielt.[68] Stark auf seine Gedanken und Gefühle fixiert, geht der Pubertierende, dem Psychologen Mietzel zufolge, zunächst davon aus, dass sämtliche Menschen in seinem Umfeld sich mit ebendenselben Gedanken und Gefühlen befassen, wie er. Die Welt scheint sich um den Jugendlichen zu drehen, der sich phasenweise als omnipotent, einzigartig und unverwundbar wahrnehme. Um sein Bedürfnis nach der Heraushebung aus der Masse zu befriedigen und sich selbst vor einem realen ‚Publikum‘ darzustellen beziehungsweise zu präsentieren, nutze er Utensilien wie

Kleidung, Habitus und Sprachgebrauch. Vor allem bei Jugendlichen untereinander gehe es dabei um das ‚Sehen und Gesehen werden'. Es finde ein ständiger Wechsel zwischen der Rolle des Zuschauers und der des Akteurs statt. Dieser Akt der Inszenierung sei für die Entwicklung Adoleszenter vor allem insofern wichtig, als dass sie durch die Reaktionen des realen Umfeldes die Möglichkeit bekämen, diese mit der Einschätzung ihrer Person und ihren Fähigkeiten abzugleichen und so im Idealfall ein gesundes Selbstbild zu entwickeln.[69] In diesem Zusammenhang stellt Stauber jugendliche Selbstinszenierung als Mittel der Identitätsarbeit heraus,

> „die komplizierter gewordenen Übergänge ins Erwachsensein [...] nicht nur zu bewältigen, sondern auch zu gestalten. Ohne dieses Moment der Gestaltung wäre sehr schnell die für diese Übergänge unabdingbare *Ressource* der Motivation aufgezehrt".[70]

Ergo nimmt das Bedürfnis der Selbstinszenierung mit sinkendem Egozentrismus in der Regel ab, da Pubertierende mit wachsender Reife ihre Stärken und Schwächen differenziert ausagiert und die verschiedenen Identitätsbausteine in einem für sie adäquaten Bild zusammengesetzt und stabilisiert haben. Dennoch finden sich Jugendliche, wie es im weiteren Verlauf herauszuarbeiten gilt, in der Entwicklung einer eigenen Identität und einer Lebensperspektive oft planlos angesichts der Vielzahl an Möglichkeiten in einer enttraditionalisierten Gesellschaft, geprägt vom Streben nach individueller Einzigartigkeit und Selbstverwirklichung.

Die Macht medialer Orientierungsangebote

Durch die Reduktion auf Stereotype und standardisierte Muster, wie es Koziol im *Forum Medienethik* beschreibt,[71] bieten die Massenmedien im Allgemeinen und Castingshows im Speziellen eine Option zur Bewältigung des allgemeinen Gefühls von Planlosigkeit an, welches, der vorangegangenen Analyse folgend, auf der Kollision eines prinzipiellen Bedürfnis nach Überschaubarkeit und des gesellschaftsübergreifenden Empfindens von Unsicherheit und Machtlosigkeit basiert:

> „In der Individualgesellschaft nimmt […] der Orientierungsbedarf für die Individuen ständig zu. Um diesen zunehmenden Bedarf zu decken, […] erlangen die Medien, insbesondere das alltäglich verfügbare Fernsehen, eine besondere Bedeutung."[72]

Gerade Jugendlichen auf der Suche nach Identität liefern sie so Hilfsmittel zur sozialen Ausrichtung der eigenen Person. „Grundsätzlich eignet sich die mediale Welt sehr gut dafür, die dort angebotenen Bilder für die in der Jugendzeit anstehenden idealen Entwürfe von Identität zu nutzen."[73] Von diesem Befund ableitend möchte ich daher klären, wie der spezifische Untersuchungsgegenstand meines Essays, das Format *Germany's Next Topmodel*, auf seine vornehmlich jungen und weiblichen Rezipientinnen wirkt. Die Ausführungen Lucas' in *Medien und weibliche Identitätsbildung* zeigen, dass gerade eine Model-Castingshow hohes Potential besitzt, beeinflussend auf junge Zuschauerinnen zu wirken.

Ausgehend von der Auffassung Schweigers, individuelle Bedürfnisse hätten einen Einfluss auf die Medienrezeption,[74] stellt sich mir die Frage, warum Individuen sich freiwillig für spezifische Medieninhalte entscheiden. Der österreichische Kommunikationswissenschaftler Burkart nimmt an, dass Menschen die Massenmedien gezielt nutzen, „um mehr über sich selbst zu erfahren" und um „in den Aussagen der Medien einen ‚persönlichen Bezug' zu finden, der ihnen hilft, ihre Persönlichkeit bzw. ihre eigene Situation an der medial vermittelten Darstellung relativieren zu können."[75] In dem auf symbolischen Interaktionismus basierenden *Uses-and-Gratifications-Ansatz* wird die gezielte Nutzung der Medien (*use*) zur Befriedigung spezifischer Interessen und Wünsche (*gratification*) zusammengeführt.[76] Die unterschiedlichen Arten von medialer Gratifikation können nach Burkart in vier Bereiche unterteilt werden. So dienen ihm zufolge die Medien unter anderem dazu, durch Unterhaltung der Langeweile zu entfliehen, Ablenkung zu finden oder sich die Zeit zu vertreiben. Auch dem Wunsch nach persönlichen Beziehungen können die Medien insofern nachkommen, als dass sie im Sinne der parasozialen Interaktion[77] die Möglichkeit auf parasoziale Beziehungen zu Medienakteuren bieten und im gemeinsamen Fernsehen sowie in der Anschlussdiskussion reale Beziehungen fördern. Indem sich Rezipienten mit medialen Personen, Handlungen, Situationen und Ideen identifizieren sowie Träume und Sehnsüchte auf das mediale Angebot projizieren können, kann eine Selbstfindung via Medienkommunikation stattfinden. Darüber hinaus kann das Individuum über die Massenmedien seiner Neigung nach Informationsaneignung nachgehen und Orientierungshilfe bezüglich der unmittelbaren Umwelt und der Gesellschaft finden.[78]

Neben dem familiären Umfeld und den Peers stellen die Medien vor allem für Jugendliche eine wichtige Sozialisationsinstanz dar. Denn entsprechend der sozial-kognitiven Lerntheorie Banduras muss ein Heranwachsender im Zuge der Persönlichkeitsfindung nicht alle Erfahrungen selbst machen. Vieles, was er sich aneignet, entspringe Lernprozessen am Modell.[79] Durch das Beobachten Anderer könne er Schlüsse für das eigene Verhalten ziehen. Modelle können neben realen Personen aus dem Umfeld auch mediale Figuren sein. Je höher die Bewunderung für das entsprechende Modell ist, desto höher sei der Ansicht Nerdingers zufolge dessen Einfluss auf die Entwicklung des Jugendlichen, weswegen vor allem Medienstars einen hohen Anreiz zur Nachahmung haben. Verstärkung findet das am Modell erlernte Verhalten des jungen Erwachsenen zusätzlich durch positive Rückmeldung des Umfeldes.[80] In Abhängigkeit von subjektiven Aufmerksamkeitsprozessen und Verarbeitungsmechanismen kann so ein Mediencharakter zu einer idealen Anknüpfungsfigur für Adoleszente werden. Wie sehr sich ein mediales Modell für Vergleich oder Identifikation eignet, ist neben dessen Status beim Rezipienten unter anderem davon abhängig, wie ähnlich dieser dem Jugendlichen in charakterlichen (z.B. Verhalten), weltanschaulichen (z.B. Meinung, Einstellung) und äußerlichen Attributen (z.B. Geschlecht, Alter, Nationalität) ist.[81] Gerade was Themen betrifft, die wie Sexualität, einer gewissen Tabuisierung unterliegen, haben Medienpersonen einen besonderen Stellenwert[82] bezüglich Vergleich und Identifikation, also den „beiden wesentlichen Formen der Identitätsbildung“[83]. Denn Peter zufolge können Pubertierende hier frei jeglicher Sorge um gesellschaftliche Konsequenzen über den Identifikationsprozess durch den Medienakteur Erfahrungen erleben, die sie selbst nicht machen können oder möchten.[84] Je stärker dabei die Identifikation mit dem medialen Charakter ist, desto eher kann sich die „persuasive Wirkung von Botschaften“ entfalten und „damit sowohl Einstellungs- als auch Verhaltensänderungen“ bei den Jugendlichen mit sich bringen.[85]

Offenkundig treffen alle hier zusammengetragenen Aspekte der medial gestützten Persönlichkeitsfindung und des Selbstmanagements besonders auf das Format *Germany's Next Topmodel* zu. Gerade hier wird den adoleszenten Rezipientinnen auf besondere Weise eine Welt geboten, in der modellhafte Entwicklungsprozesse stattfinden, von denen scheinbar gelernt und profitiert werden kann. Einer der wesentlichsten Aufgaben der Produzenten muss also darin bestehen, den jungen Zuschauerinnen Inhalte so zu bieten, dass sie auf die gerade dargestellten Bedürfnisse der Persönlichkeitsfindung passen. Die Rezipientinnen müssen davon überzeugt werden, dass echte Veränderungen und Rollenvorbilder gezeigt werden – konsequenterweise durch die Inszenierung der Kandidatinnen, die als Identifikationsangebote und Rollenvorbilder im positiven wie negativen Sinne modelliert werden. Durch die Vielzahl an Kommunikationskanälen, die ein Sender wie *ProSieben* zur Verfügung hat, können die jungen Models so zu TV-Stars stilisiert werden, die aufgrund des gesellschaftlichen Stellenwerts von prominenten Persönlichkeiten wiederum gesteigerten Anreiz zur Imitation aufweisen.

Castingshow-Helden in ihrer Bedeutung für die jugendliche Identitätsarbeit

Von den Fans verehrt, verfügen Stars[86] mit all ihren herausragenden Talenten als Teil einer idealisierten Medienwelt über hohes soziales Ansehen und Prestige, weswegen sie gerade für junge Menschen erstrebenswerte Modelle der Identifikation darstellen.[87] Als Objekte kollektiver Begierde versteht sie der Medienforscher Hickethier aber nur dann als wirkliche Stars, „wenn das Publikum sie [als solche] ‚annimmt'“[88]. Erst durch den Blick des Zuschauers, der sowohl den Star an sich als auch das ihn bewundernde Publikum sieht, entfaltet er nach Thiele seine Qualitäten „in der Wahrnehmung oder im Bewusstsein einer auf ihn konzentrierten Menge“[89]. Im Spannungsfeld von Distanz durch die Heraushebung aus der Masse und Nähe durch die Erweckung von Emotionen beim Publikum, wird eine ‚unerreichbare Nähe' generiert, auf welche der Bewunderer seine Wünsche projizieren kann.[90] In stark vereinfachter, pointierter und stereotyper Form werden Stars so zu Leitbildern der Medien und bieten dem Individuum eine Möglichkeit der Orientierung innerhalb einer unübersichtlichen Gesellschaft mit all ihren divergierenden und teilweise widersprüchlichen Werten und Normen.[91] Identifiziert sich eine Person mit einem von vielen bewunderten Modell und eignet sich beispielsweise durch optische Anpassung oder sonstige Nachahmung des Idols aktiv Merkmale von diesem an, überträgt sich Rustemeyer zufolge dessen prestigeträchtiges Ansehen teilweise auf den Fan.[92] Darüber hinaus können Erfahrungen wie ein luxuriöser, glamouröser und aufregender Lebensstil, der nur einer geringen Anzahl von Menschen vorbehalten bleibt, über den Star als Stellvertreter der eigenen Sehnsüchte miterlebt werden.

In der Identifikation und dem Vergleich mit medialen Vorbildern sieht die Sozialpsychologin Rustemeyer das menschliche Bedürfnis begründet, sich selbst besser kennenzulernen und im Sinne der Selbstoptimierung Verhalten, Werte und Einstellungen mit den Medienidolen abzugleichen.[93] Es ist deswegen kaum verwunderlich, dass Stars in einem von Persönlichkeitsfindung und Individualisierungsprozessen geprägten Lebensabschnitt einen herausragenden Stellenwert besitzen, was unter anderem die Selbstinszenierung als auch die eigene Positionierung in Zugehörigkeit und Abgrenzung zum Umfeld betrifft. Vor allem Prominente aus Reality-Formaten, die durch den vergleichsweise hohen Realitätswert der Sendungen besonders nah am Zuschauer zu seien scheinen, stellen für viele Jugendliche eine wichtige Orientierungsmöglichkeit dar. Egal ob mit Freunden auf dem Schulhof oder in sozialen Netzwerken, Castingshows sind gemäß Lünenborg et al. eine der wichtigsten Gesprächsthemen Jugendlicher. So diene die an die Ausstrahlung einer Sendung anschließende Diskussion vor allem der Herstellung und Festigung von Gruppenzugehörigkeit und der Sicherung des eigenen Status innerhalb der Gruppe.[94] Die „Castingshow-Helden sind gefühlsmäßig näher dran an den Zuschauerinnen [...], sie bieten ein größeres Identifikationspotenzial und damit den besseren Gesprächsstoff."[95] Indem die Heranwachsenden realen Personen, zumeist Gleichaltrigen, bei deren Erlebnissen innerhalb der Shows zusehen, beobachten sie, um mit Willems zu sprechen, symbolische Repräsentanten ihrer selbst, die wiederum als Modelle Impulse zur Selbstreflexion geben können.[96] Der jugendliche Zuschauer kann in der Castingshow also durch den Blick der Kamera jugendliche Akteure dabei beobachten, wie sie sich den systemimmanenten Regeln der Formate entsprechend in unterschiedlicher Weise inszenieren und dafür entweder durch Weiterkommen belohnt oder mit dem Rauswurf bestraft werden. So lernen sie, „wie gut sie sich selbst in sehr, sehr kurzer Zeit auf einem Markt verkaufen können.“[97] Inwieweit die Teilnehmer von Castingshows dabei auf das Verhalten der jungen Zuschauer Einfluss üben, hänge Luca zufolge einerseits von der Relevanz der entsprechenden Person und dem Stellenwert der Informationen für den Jugendlichen ab. Andererseits werden Motivation, Erleben und Verarbeitung der Rezeption von diversen anderen psychischen und emotionalen Faktoren, wie etwa der Aufmerksamkeit für das Medienangebot, determiniert.[98] Gerade „Sendungsinhalte, die Anknüpfungspunkte für persönliche Orientierungen bieten (v.a. Aussehen, Verhalten, Outfit der Kandidaten)“ sind deshalb besonders interessant.[99] Anders als der für den deutschen Zuschauer per se unerreichbare Star im fernen Hollywood, sind Castingshowidole trotz ihrer temporären medialen Besonderung nicht in einer unerreichbaren Distanz. Schon aufgrund des ähnlichen Alters, Erfahrungshorizonts und Lebensstils sind die Kandidaten von Castingformaten viel näher am Publikum dran. Der jugendliche Zuschauer kann durch den Castingshowstar nicht nur an seiner Identität arbeiten, was Selbstinszenierung und Gruppenzugehörigkeit betrifft, sondern über Identifikations- und Vergleichsprozesse lernen, wie er selbst seine Träume erreicht; vielleicht sogar über den Weg einer Castingshow.

3. Drama, Emotionen und Stereotype: *Germany's Next Topmodel* als Seifenoper

Germany's Next Topmodel zählt, wie ich bereits aufgezeigt habe, auch nach über zehn Jahren noch zu den erfolgreichsten Castingshows Deutschlands. Während andere Formate aufgrund abklingenden Erfolgs nach einigen Jahren abgesetzt wurden (z.B. *Popstars*),[100] suchen Heidi Klum und Co. 2017 schon das zwölfte deutsche *Topmodel.*[101] Bis auf einige Änderungen im Rahmenkonzept bleibt der Kern der Sendung derselbe. Dass die Zuschauer trotzdem weiterhin einschalten, lässt darauf schließen, dass *ProSieben* mit *Germany's Next Topmodel* das richtige kommunikative Konzept erschaffen hat. Nach Jähner, der Castingshows als Dokumentation der „Metamorphose des Nobody zum Star"[102] bezeichnet, wird bei *Germany's Next Topmodel* der Weg vom Mädchen zum Model und somit eine erstrebenswerte Lebensperspektive für junge Frauen aufgezeigt. Der Aufbau des massenmedialen Modelcastings und die Inszenierung der Kandidatinnen sind so organisiert, dass sie Raum für jugendliche Identitätsarbeit eröffnen. In den ersten ein bis zwei Folgen werden aus einer größeren Anzahl von Anwärterinnen zunächst die jungen Frauen ausgewählt, in welchen die mehrköpfige Jury unter der Leitung von Heidi Klum ein wie auch immer geartetes Potential erkennt. Um am Ende einer Staffel die Gewinnerin zu ermitteln, werden diese Teilnehmerinnen über mehrere Wochen hinweg vor verschiedene Aufgaben gestellt, die im weitesten Sinne mit dem Modelberuf in Verbindung stehen. Sie müssen unter anderem in Fotoshootings, bei Castings und auf dem Catwalk ihre Fähigkeiten unter Beweis stellen. Die Jury entscheidet am Ende einer jeden Folge, welche der Kandidatinnen gut genug waren, um eine Runde weiterzukommen. Der Rest muss die Show verlassen. So wird der Kreis der *Topmodel*-Anwärterinnen von Woche zu Woche verringert, bis noch drei bis fünf Mädchen übrigbleiben, die gemeinsam in das große Finale einziehen. Dort präsentieren sie sich noch einmal der Jury und einem großen Live-Publikum auf dem Laufsteg. Auf die Siegerin warten das Cover der deutschen *Cosmopolitan*, ein Modelvertrag und verschiedene Sachpreise. Neben den Aufgaben, welche die angehenden Models bewältigen müssen, lebt die Sendung vor allem von der intimen Darstellung der jungen Frauen und ihrer Emotionen. Häufig stehen Ängste, Selbstzweifel und Neid der Kandidatinnen im Fokus, ebenso wie das Zusammenleben in der ‚Model-Villa' und die Streitigkeiten untereinander. Auch die glamourösen Seiten des Modellebens mit Reisen, Werbegeschenken, luxuriösen Hotels und exklusiven Events sind Teil der Show.

Die Macher von *Germany's Next Topmodel* versuchen, wie bei allen anderen Formaten des Genres Reality-TV, den Anschein der Authentizität aufrechtzuerhalten, „während sie tatsächlich *Realität inszenieren*."[103] Aufgrund der enormen Fülle an gedrehtem Material authentischer Erlebnisse können sie eine spannende Geschichte mit rotem Faden erzählen.[104] So bestätigt auch die ehemalige *Germany's Next Topmodel*-Kandidatin Fiona Erdmann im Interview: „Was die Zuschauer gesehen haben, ist grundsätzlich echt, erfunden wurde nichts. Allerdings wurden nur 25 Prozent des gedrehten Materials gezeigt."[105] Die Inszenierungsstrategien von Reality-Sendungen erinnern dabei in ihrem Rückgriff auf verschiedene Darstellungskonventionen an den seriellen Erzählstil von jugendorientierten Langzeitserien.[106] Spätestens mit dem Aufkommen von Reality-Soaps wie *Big Brother*, deren zentrales Merkmal nach Klaus und Lücke „ein künstlich arrangiertes soziales Setting" ist, in dem die Akteure über den Zeitraum der Dreharbeiten einer ständigen Konkurrenzsituation ausgesetzt sind, wurde ein TV-Format erschaffen, dass sowohl Elemente von Soaps als auch von Shows miteinander vereint:

> „Die Gestaltung dieses künstlichen Lebensraumes ermöglicht den Machern der Reality Soap, extreme Lebensbedingungen zu schaffen und dadurch die Kommunikationen und Aktio-

> nen der Kandidatinnen und Kandidaten zu beeinflussen. Durch die Konkurrenzsituation steht deren Zusammenleben in der Spannung zwischen Gruppenharmonie und persönlicher Profilierung, so dass sich im Genre typische Elemente der Soap Opera, wie Melodramatik, Streit, Eifersucht und Neid, Versöhnung und Rivalität, finden."[107]

Auch *Germany's Next Topmodel* erinnert mit einer überschaubaren Anzahl an Protagonistinnen, die in einem geschützten Kosmos agieren, an die narrativen Strukturen von Soaps. Denn schon während Episode eins der neunten Staffel werden die siebzig Modelanwärterinnen im großen Casting auf 25 und mit dem Einzug in die Modelvilla in Los Angeles in der zweiten Folge auf 18 reduziert.[108] 18 charakterlich sehr unterschiedliche junge Frauen im Alter von 16 bis 21 Jahren, die sich vorher noch nie gesehen haben, leben nun also über mehrere Wochen zusammen auf begrenztem Raum. Immer wieder werden sie dabei im Zuge von ‚Teachings', Shootings und dergleichen in Konkurrenzsituationen gebracht mit dem Wissen, dass jede Woche eine oder mehrere Kandidatinnen die Show verlassen müssen – die besten Voraussetzungen also für Streitereien unter Konkurrentinnen, Missgunst gegenüber den Favoritinnen und Tränen um die neugewonnene Freundin, die wieder nach Hause fliegen muss.

Indem die *GNTM*-Produzenten sich an die Darstellungskonventionen bereits bekannter Formate halten, gehen sie auf Nummer sicher. Denn was bei Seifenopern funktioniert, verspricht auch bei der Inszenierung einer Castingshow Erfolg. Die Zuschauer sind bereits an die Art der Erzählung gewöhnt, müssen sich also nicht erst auf neue narrative Strukturen einlassen, sondern können sich entspannt der Unterhaltung hingeben, die diese Formate versprechen. Über die stark affirmative Aufarbeitung des Inhaltes können sie den Rezipienten über dessen Emotionen erreichen und versuchen, ihn in ihrem Sinne zu beeinflussen. In Anlehnung an Klaus und Lücke, die in ihrem Aufsatz *Reality TV* die genrespezifischen Merkmale von Reality und Doku Soaps abhandeln, möchte ich an dieser Stelle fünf für Formate wie *GNTM* typische Inszenierungsstrategien zusammenfassen: Personalisierung, Intimisierung, Emotionalisierung, Dramatisierung und Stereotypisierung.[109]

Unter **Personalisierung** ist die Darstellung der Akteure nicht nur als Persönlichkeiten, sondern ebenso als potenzieller Figuren der Identifikation zu verstehen. Dem Zuschauer wird das Gefühl vermittelt, er könne in der Sendung reale Menschen „ein Stück ihres Lebensweges begleiten“[110]. Bei *Germany's Next Topmodel* werden dementsprechend junge Mädchen auf ihrer Reise zum *Topmodel* gezeigt. Der Rezipient kann hier miterleben, wie sie sich beispielsweise ihren Ängsten in Rahmen des ‚Spider Shootings‘ stellen oder wie sie über sich selbst hinauswachsen und ihre Unsicherheiten ablegen.[111] In der Erörterung von privaten Details oder Gefühlen und Bloßstellung der Protagonisten in ihren Charaktereigenschaften und Handlungen zeigt sich demgegenüber der Aspekt der **Intimisierung**.[112] So gibt es in der Modelvilla etwa einen Telefonraum, in welchem die Kandidatinnen ihre Familienangehörigen und Freunde anrufen dürfen. Bei den teilweise sehr privaten Telefonaten läuft jedoch die ganze Zeit eine Kamera, die die Gespräche aufzeichnet, um sie später dem Fernsehpublikum zugänglich zu machen.[113] Stilistische Instrumente wie gefühlsbetonte oder spannungssteigernde Musik, schnelle Schnitte oder die Ausweitung dramatischer Szenen en détail deuten wiederum auf die für solche Sendungen typische **Emotionalisierung** und **Dramatisierung** hin.[114] Reale Ereignisse treffen hier auf szenische Strukturen fiktionaler Formate wie folgeninterne und –übergreifende Spannungsbögen und Dialoge, die im ‚Schuss-/Gegenschuss-Verfahren‘ gedreht, seriellen Kamerakonventionen entsprechen.[115] Gerade bei den Entscheidungen, wenn es darum geht, zu verkünden, wer weiterkommt und wer die Show verlassen muss, zeigen sich diese Arten der Inszenierungsstrategien in musikalischer Untermalung und Kameraeinstellung (meist Nahe oder Close-up), die immer wieder zwischen den weinenden Mädchen und Heidi Klum mit ihrem starren, emotionslosen Blick wechseln.[116] Ein weiterer wichtiger Anhaltspunkt, der vielen Reality-Shows gemein ist, stellt die **Stereotypisierung** dar. Unter anderem aufgrund der Disproportionalität von gefilmten und letztendlich ausgestrahlten Material, ist es kaum möglich, Situationen oder Personen in ihrer Differenziertheit zu zeigen. Die oberflächliche Darstellung von Problemen und die Reduzierung von Personen auf bestimmte Charakterzüge und Handlungen ist die schlüssige Konsequenz.[117]

Wie ich im weiteren Verlauf zeigen möchte, werden gerade die Kandidatinnen bei *GNTM* in ihrer für die Show wichtigen Funktion vereinfacht und pointiert inszeniert. Sie entfalten einerseits als eigenständige Figuren und andererseits in der Konstellation mit anderen narratives Potential. Hier ist vor allem die Zusammensetzung der Gruppe von entscheidender Bedeutung. Je unterschiedlicher die Akteure in ihren Persönlichkeiten und Verhaltensmustern sind, desto eher kommt es auf engem Lebensraum zu unterhaltungssteigernden Konflikten. Ähnlich wie in fiktionalen Serien sind Bleicher zufolge Protagonisten notwendig, die positive Denk- und Verhaltensweisen auf sich vereinen, und Antagonisten, die diesen entgegentreten.[118] Den ‚guten' Charakteren, deren Interessen stark an anderen ausgerichtet sind, müssen ‚böse' Charaktere gegenüberstehen, die vor allem auf ihr eigenes Wohl bedacht sind.[119] Seifenopern haben den Vorteil, dass sie spannende, die Handlung vorantreibende Rollen kreieren und mit geeigneten Schauspielern besetzen können. Reality-Formate hingegen müssen mit dem Angebot, das sie haben, eine Story entwickeln, weswegen Protagonisten mit aufregenden Persönlichkeiten und Lebensgeschichten besonders gern gesehen sind. So werden auch *GNTM*-Kandidatinnen nicht nur wegen ihres Talents, sondern vor allem aufgrund ihrer dramaturgischen Wirksamkeit ausgewählt. Ex-*Popstars*-Juror Sido stellt für Casting-Formate im Fernsehen klar: „Du kannst so gut performen wie du willst. Wenn du keine spannende Story zu erzählen hast, kommst du nicht weiter."[120] Nach Bleicher haben die Teilnehmerinnen dabei aber nur bedingt Einfluss darauf, wie sie im Fernsehen wirken, da der Selbstinszenierung von Persönlichkeit, Verhalten und Fähigkeiten immer auch die redaktionelle Auswahl gesendeter Szenen gegenübersteht, die einen starken Einfluss auf die den Kandidatinnen zugewiesenen Rollen nimmt:[121]

> „Ein Drehbuch gibt es sicher nicht, aber es gibt zu jedem Mädchen eine Idee, eine Geschichte, die situativ auf sie abgestellt wird. Zunächst müssen die Produzenten der Show erst einmal sehen, was sie überhaupt für ein Angebot haben und was sie mit welchen Mädchen machen können. Dann werden bestimmt zwei bis drei Kandidatinnen ausgesucht, von denen sie glauben, dass die das meiste Potenzial zur Gewinnerin von *Germany's Next Topmodel* haben. Dementsprechend werden diese Mädchen dann auch gefördert und von der Jury gepusht. Für die restlichen Kandidatinnen überlegen die Produzenten, wie sie sich am besten für die Show nutzen lassen."[122]

Die Rollen, auf die so die Teilnehmerinnen festgelegt werden, sind stereotype Abbilder sozialer Akteure. Die Soziologin Keppler grenzt diese massenmedialen ‚Figuren' von realen ‚Personen' mit all ihren individuellen, handlungsleitenden Eigenschaften ab. Die Fixierung der Figurentypen, welche ihre Verhaltensweisen vorhersehbar und dadurch überschaubar macht, gibt dem Rezipienten die Gelegenheit zu einem entspannten Umgang mit ihnen. Durch die starke Vertrautheit kann sich der Zuschauer entweder dem ernsthaften, affirmativen Zusehen widmen, dem Sich-Lustig-machen oder aber beidem gleichermaßen.[123] Im Prozess der Medienrezeption sieht Keppler verschiedene Möglichkeiten einer reflektierten Identifikation mit den stark vereinfachten Protagonisten: affirmativ (übereinstimmend), hypothetisch (neutral) und negativ (ablehnend). Dabei liegt es ganz beim Zuschauer, was er aus dem medialen Angebot und den divergierenden Möglichkeiten zur Identifikation macht.[124] Alle (zentralen) Figuren so anzulegen, „daß sie den Rezipienten ein *Spektrum* möglicher Identifikationen eröffnen“[125], versteht Keppler als Gesetz erfolgreicher Fernsehserien. Im Sinne dieses Grundsatzes der idealen Figurengestaltung zur Steigerung des Unterhaltungswertes stellen die *Germany's Next Topmodel*-Produzenten aus der Masse an Modelanwärterinnen eine Gruppe an Mädchen zusammen, die in ihrer charakterlichen Verschiedenheit ein möglichst breites Publikum ansprechen und für ausreichend Konfliktpotential sorgen. Die große Auswahl ermöglicht es ihnen, Kandidatinnen zu finden, die die notwendigen unterschiedlichen Funktionen verkörpern. Gemäß serieller Strukturen bedarf es für den dramaturgisch wirksamen Aufbau sowohl Protagonistinnen als auch Antagonistinnen, um zu gewährleisten, dass die divergent angelegten Figuren alle Möglichkeiten der Identifikation, also affirmativ, hypothetisch oder negativ, abdecken.

So verschieden die Kandidatinnen bei *Germany's Next Topmodel* sind, so unterschiedlich sind ihre Funktionen. Durch ihre Nähe zu den Zuschauerinnen, aus deren Mitte sie selbst stammen, liefern die Teilnehmerinnen dem Sender ein breites Spektrum an Möglichkeiten der persuasiven Beeinflussung der Hauptzielgruppe. Ich gehe davon aus, dass die Macher von *GNTM* in der vereinfachten Darstellung der Kandidatinnen darauf setzen, durch Auswahl und Montage des Bildmaterials die Mädchen so zu inszenieren, dass eindeutige Figurentypen entstehen, die für die Sendung einen entsprechenden Nutzen erfüllen. Um die Auswahl an Kandidatinnen in meinem Essay auf ihre Funktionen in der neunten Staffel zu untersuchen, muss ich zunächst meine aus der zuvor dargestellten Empirie abgeleiteten Analysekategorien erläutern.

Zwischen Bewunderung und Ablehnung

Auf Grundlage der das Starsystem konstituierenden Aspekte Nähe und Distanz und der verschiedenen Arten von Identifikation nach Keppler habe ich im Analyseprozess der neunten Staffel drei Kategorien herausgearbeitet, die versuchen, die unterschiedlichen Funktionen der Kandidatinnen zusammenzufassen: ‚Bewunderung und Distanz', ‚Bewunderung und Nähe', ‚Abgrenzung und Distanz'. Nähe und Distanz beschreiben in diesem Zusammenhang das potenzielle Maß an Vertrautheit des Zuschauers mit der Figur. Ich verstehe Distanz dabei als den Bestandteil des Starimages, der über die herausragenden Talente sowie über die (mediale) Besonderung von einer Masse Idolwirkung entfaltet. In der stereotypen Vermittlung des öffentlichen Starimages bleibt aufgrund der Leerstellen viel Raum für die Projektion von Fantasien eines möglichst breiten Publikums. Nähe hingegen wird über die vom Rezipienten empfundene Ähnlichkeit mit dem Star generiert. Je höher dabei die Übereinstimmung von äußerlichen und charakterlichen Eigenschaften, desto größer wird der Grad an Ähnlichkeit empfunden. Das Wissen um die private Lebensgeschichte und die persönlichen Wesensmerkmale erzeugt einen Eindruck vom Star als ‚Menschen wie du und ich' und bietet so die Möglichkeit für Vergleich und Identifikation. Bewunderung und Abgrenzung wiederum beziehen sich auf den Aspekt der Identifikation.[126] Die negative Identifikation braucht in ihrer Ablehnung eine Figur, die gesellschaftlich als negativ empfundene Denk- und Verhaltensweisen an den Tag legt, wie etwa Egoismus, und sich dementsprechend als Antagonist eignet. Hier hat der Zuschauer die Option, sich von der ‚bösen' Figur abzugrenzen und sich ganz deren Unterhaltungspotenzial hinzugeben, sich über sie lustig zu machen und sie moralisch abzuurteilen. Dem gegenüber steht der mit positiven Merkmalen ausgestattete Protagonist, dessen Handlungen große Zustimmung oder gar Bewunderung finden und der in seiner bewundernswerten Art Möglichkeiten für die affirmative Identifikation bietet. In ihrer recht einseitigen, stereotypen Darstellung können jeweils zwei Modelanwärterinnen einer der drei Kategorien zugeordnet werden, die ich stellvertretend für das Konzept untersuchen möchte.

Die Kandidatinnen in der Kategorie **‚Bewunderung und Distanz'** sind durch ein hohes Maß an Professionalität gekennzeichnet. Wie ich in der Untersuchung aufzeigen werde, haben sie als Models den größten Erfolg bei den Kunden in der Show, weswegen sie am ehesten das glorifizierte Modelbusiness mit all seinen bewundernswerten Aspekten verkörpern. Indem der Zuschauer vergleichsweise wenig aus ihrem Privatleben und somit wenig über ihre Eigenschaften als reale Personen erfährt, wird dem Starsystem entsprechend eine Distanz aufgebaut, die Raum für Bewunderung beziehungsweise ‚distanzierte affirmative Identifikation'[127] lässt. Gemäß dem Gedanken ‚so könnte also eine mögliche Karriere als Model aussehen' haben die beiden Kandidatinnen Anteil an der idealisierten Konstitution des Mikrokosmos *GNTM.* **‚Bewunderung und Nähe'** als zweite Kategorie beschreibt die Inszenierung der Kandidatinnen, die stark auf die Darstellung einer persönlichen Lebensgeschichte und Entwicklung innerhalb der Show gerichtet ist, wodurch ein Gefühl enger Vertrautheit erzeugt wird. Stellvertretend für die Erzählung ‚vom Mädchen zum Model' fungieren sie als Modelle der ‚nahen affirmativen Identifikation', anhand deren Beobachtung der Rezipient lernen kann, welche Verhaltensweisen notwendig sind, um Model zu werden. Sie gewähren dem Adressaten dementsprechend virtuell Zutritt in den Mikrokosmos *Germany's Next Topmodel.* In der Auseinandersetzung mit der letzten Kategorie **‚Ablehnung und Distanz'** werde ich mich wiederum mit zwei Kandidatinnen befassen, die in ihrer sehr überspitzten Darstellung ein großes polarisierendes Potenzial innehaben. Anders als die auf Bewunderung ausgerichteten Inszenierungsstrategien der anderen zu analysierenden Teilnehmerinnen wird sich herausstellen, dass hier das Talent als Model absolut zweitrangig ist. Die Figuren werden mit ihrer außergewöhnlichen Persönlichkeit und ihren allgemein eher als negativ bewerteten Eigenschaften so in Szene gesetzt, dass sich der Adressat in der Ablehnung ihres Verhaltens ganz der Unterhaltung hingeben kann. In der negativen Identifikation mit den Kandidatinnen entsteht so eine Distanz zu diesen, welche dazu einlädt, sich persönlich über sie zu erheben. Dem Motto ‚wenn selbst sie in der Show sein kann, dann kann ich das auch' entsprechend, werden somit anhand dieser Teilnehmerinnen die Zugangsbedingungen für den Mikrokosmos *GNTM* gesenkt. Jede Rezipientin kann sich also in der Phantasie gefallen, selbst potenzielle Teilnehmerin einer weiteren Staffel zu sein. Das bewundernswerte Leben innerhalb der Modelcastingshow wird so vordergründig einer noch breiteren Masse zugänglich gemacht.

Hinsichtlich der erarbeiteten Kategorien möchte ich nun insgesamt sechs Kandi-datinnen ihrer Funktion folgend innerhalb der neunten Staffel analysieren. Das Ausgangsmaterial kann ich hier allerdings nur bruchstückhaft berücksichtigen, da eine Darlegung der Ergebnisse en détail ausufern würde. Ich versuche bestmöglich, die mir für diese Untersuchung als relevant erscheinenden Aspekte der ausgewählten Szenen zu extrahieren und der ihnen zugrunde gelegten persuasiven Absicht nach adäquat zu interpretieren.

4. Von Profis und solchen, die es werden möchten

Langweiliges Vorzeigemodel und Laufsteg-Queen mit Attitude

Stellvertretend für den Bereich ‚Bewunderung und Distanz' werde ich mich mit den Kandidatinnen Jolina Fust (17) und Ivana Teklic (18) auseinandersetzen.[128] Wie ich im vorangegangenen Abschnitt erörtert habe, steht bei beiden Teilnehmerinnen das besondere Talent als Model im Vordergrund. An dieser Stelle gilt es mir unter anderem zu zeigen, dass die von den Produzenten konstruierte Figur Jolinas in ihrer Essenz auf die Darstellung einer langweiligen Persönlichkeit einerseits und herausragender Qualitäten im professionellen Bereich andererseits festgelegt ist. Jolina wird in der Staffel insgesamt zwar am häufigsten von den Kunden gebucht (vgl. Abb. 1), bekommt als Einzige einen Vertrag bei einer Amerikanischen Modelagentur angeboten und erreicht am Ende den zweiten Platz der Staffel,[129] erhält darüber hinaus jedoch wenig Sendezeit. Ivana mit ihren vier Buchungen hat wiederum nach Jolina die meisten Jobs (vgl. Abb. 1) und schließt die neunte Staffel auf Platz drei ab.[130] Auch sie ist abseits von Shootings und Co. auf die stereotype Inszenierung ihrer Wesensmerkmale reduziert, die in ihrem Fall jedoch auf eine eigenwillige Attitüde gerichtet ist. Dem inszenatorischen Fokus Jolinas und Ivanas folgend, der in erster Linie auf ihr Verhalten in professionellen Situationen, wie etwa auf dem Laufsteg, bei Castings, Jobs oder Shootings liegt, werde ich hier vor allem Szenen untersuchen, die sie in eben solchen Momenten zeigen und dem Zuschauer Raum für ‚distanzierte affirmative Identifikation' lassen.

Ort	Folge	Kunde	Casting	Art	Gewinnerin	Auswahl
Los Angeles	4	Shape	1. Fitness-Training am Strand 2. Test-Shooting am Strand	Fitness-Strecke	Antonia	Samatha, Simona, Stefanie, Betty, Sainabou
Venice Beach	6	Cosmopolitan	1. Modelmappe 2. Tanzen im Waschsalon	Editorial	Karlin, Jolina	Nancy, Anna
Los Angeles	6 (7)	Hunger		Editorial	Samantha	Betty, Karlin, Aminata
Indien	7 (8)	Emmi	1. Tanzen: Bollywood 2. Test-Dreh	Werbespot (Kampagne)	Jolina	Samantha, Stefanie, Nancy, Sarah
Paris	7 (8)	Wunderkind	Fitting	Fashion Show	Ivana, Samantha	Nathalie, Sarah
Berlin	10	Anja Gockel	laufen	Fashion Show	Jolina	
Berlin	10	Rebbeka Ruétz	laufen	Fashion Show	Jolina, Ivana, Nancy	
Berlin	10	Kaviar Gauche	laufen	Fashion Show	Jolina, Ivana	Samantha, Stefanie
Berlin	10	Joy	Modelmappe & Test-Bilder	Editorial	Samantha, Karlin, Anna	
Los Angeles	11	Opel	Flirt-Parcours & tanzen	Werbespot	Stefanie	
Los Angeles	12	Maybelline	Test-Shoot: 20er/50er/80er	Kampagne	Jolina	Stefanie, Ivana, Nathalie
New York	13	Rubin&Chapelle	laufen	Fashion Show	Ivana	Jolina
Los Angeles	14	Venus Gilette	1. Fußball spielen 2. Test-Dreh: Studentin	Werbespot (Kampagne)	Betty	Jolina, Nathalie

ABB. 1: CASTINGS & JOBS DER 9. STAFFEL

Profis durch und durch

Jolina wird von Beginn der Staffel an als eine der Kandidatinnen dargestellt, die bereits das meiste Können mitbringen. Schon gleich gegen Ende der ersten Folge wird sie von den Juroren wegen ihrer Fähigkeiten bei Fotoshooting und Laufstegtraining als ‚Überraschung des Tages' bewertet,[131] weswegen sie in der darauffolgenden Sendung die erste große Modenschau der Mädchen als sogenanntes ‚First Face'[132] eröffnen darf. Im Rahmen der Show-Vorbereitungen übt Jolina gemeinsam mit einigen anderen Teilnehmerinnen das Laufen auf hohen Schuhen für den Catwalk.[133] Dabei wird eine kurze Rückblende eingeschoben, in der Jolina als eine von wenigen Kandidatinnen persönlich von einem Jurymitglied in die Castingshow eingeladen wird. Thomas Hayo überrascht sie in ihrer Schule während des Unterrichts. Er mimt den Vertretungslehrer und lässt Jolina vor der Klasse die Worte ‚Haute Couture' und ‚Prêt-à-Porter' buchstabieren. Während sie mit Tränen in den Augen erzählt, wie unbeschreiblich schön das Gefühl ist, bei *Germany's Next Topmodel* teilnehmen zu dürfen, bezeichnet Thomas Hayo sie als süßes Mädchen mit tollen Augen und sportlicher Figur. Wieder zurück backstage bei der Fashionshow zeigen sich die anderen Kandidatinnen von Jolinas läuferischen Qualitäten beeindruckt.[134] Ich verstehe diese Szene insofern als Schlüsselsequenz, da sie das Leben einer gewöhnlichen Jugendlichen mit dem in der Sendung idealisierten Beruf des Models verknüpft. Jolina wirkt in der Schule als Teil einer Klassengemeinschaft wie ein ‚ganz normales' Mädchen, das wie viele Zuschauerinnen das ‚ganz normale' Leben einer Siebzehnjährigen führt, nun aber bei *Germany's Next Topmodel* die Möglichkeit bekommt, ihren Traum zu leben und zu zeigen, was in ihr steckt.

Dennoch wird Jolina in der Darstellung ihres Charakters im Ganzen recht farblos gehalten. Obwohl sie sich von ihrer Leistung bis auf eine Ausnahme[135] bei allen Shootings immer im guten Mittelfeld bewegt (vgl. Abb. 2), wird ihr im Vergleich zu anderen Kandidatinnen weder bei Shootings noch bei den Live-Walks viel Sendezeit zugestanden und auch eher selten die Einschätzung ihrer eigenen Leistung abgefragt. Kommt sie doch zu Wort, sind vor allem kurze, wenig emotionale und stimmlich eher monotone O-Töne wahrzunehmen.[136] Während sie bis einschließlich Episode neun beim Entscheidungs-Walk vor der Kamera eigentlich durchgängig von der Jury gelobt wird: „Jolina, du hast drei riesengroße Fans hier sitzen.",[137] verändert sich der Ton ab der zehnten Episode. Zwar wird bei der Jurybewertung der Fokus weiterhin regelmäßig auf die positive Bestätigung ihres guten Aussehens gelenkt, doch sieht der Zuschauer Jolina immer häufiger mit dem Vorwurf konfrontiert, zu langweilig zu sein: „Du bist wunderhübsch, du hast 'ne perfekte Figur, du hast 'n perfektes Gesicht. Ich wünsche mir nur Geschmack. Ich wünsche mir Ecken und Kanten."[138] Noch in der letzten Sendung vor dem Finale gibt ihr Heidi Klum zu verstehen: „Ich hab's dir immer und immer wieder gesagt, [...] es reicht uns nicht, es ist zu flach, es ist zu lahm. [...] Nur schön sein alleine, das reicht uns nicht."[139] Insgesamt werden dem Zuschauer bei Jolina aufgrund dieser einseitigen und uninteressanten Akzentuierung ihres Charakters wenige Möglichkeiten der persönlichen Anknüpfung eröffnet. Die durch die vielen Leerstellen erzeugte Distanz lässt dabei aber noch genug Raum zur Bewunderung von Jolinas Fähigkeiten als Model, die ihr trotz Jurykritik immerhin die meisten Jobs in der Staffel und den Einzug ins Finale sichern.

Ort	Folge	Thema	Fotograf	Besten	Schlechtesten
Singapur	1	Pool	Christian Anwander		
Singapur	2	Schlangen	Christian Anwander		
Los Angeles	3	Sedcard	Oliver Schulze		
Los Angeles	3	Ballon	Brian Bowen Smith	Nathalie, Ivana, Nancy, Sainabou, Antonia	
Los Angeles	4	Opener	Rankin	Nathalie	
Los Angeles	5	Beach	Gilles Bensimon	Nancy	Lisa, Samantha, Sarah, Antonia
Los Angeles	6	Spider	Rankin	Nathalie, Aminata, Ivana, Betty	Simona
Los Angeles	7	Hysterical Diva	Matt McCabe	Ivana, Nathalie, Betty	Aminata
Utah	8	Indianer	Christian Anwander	Nathalie, Betty, Stefanie	Nancy, Lisa, Sarah, Karlin
Los Angeles	9	Farewell	Robert Erdman		
Los Angeles	10	Trampolin	Enrique Badulescu	Stefanie, Ivana	
Los Angeles	11	Hydrant	Francesco Caruzini	Aminata, Betty	Samantha, Stefanie
Los Angeles	12	Kinder	Christian Anwander	Ivana, Stefanie	
Los Angeles	13	Cosmo	Brian Bowen Smith	Betty, Aminata, Stefanie	Nancy, Karlin
Los Angeles	14	Rotes Schiff	Kristian Schuller	Ivana, Stefanie	Nathalie
Deutschland	15	Rock Star	Christian Anwander		

ABB. 2: WOCHEN-SHOOTINGS DER 9. STAFFEL

Anders als Jolina bewegt sich Ivana in ihrer Leistung bei den Fotoshootings häufig an der Spitze. Alleine bei sechs von vierzehn Shootings gehört sie zu den besten Models – so oft, wie sonst keine andere Kandidatin. Selbst bei den Shootings, bei denen sie größere Schwierigkeiten hat, zählt sie kein einziges Mal zu den Schlechtesten (vgl. Abb. 2). Neben der Angst vor Spinnen, mit der sie beim ‚Spider-Shooting' zu kämpfen hat,[140] werden vor allem ihre Probleme für eine Aufnahme zu tanzen hervorgehoben. Während ihre Abneigung gegen das Tanzen beim Dreh für den Opener nur am Rande Erwähnung findet,[141] erhält ihre störrische Reaktion auf die Aufforderung beim ‚Indianer-Shooting' zu tanzen einen größeren narrativen Raum: „Ich kann sowas nicht! […] Wie soll ich rumtanzen wie so 'n Indianer? Bin ich ein Indianer? Nein."[142] Weder Heidi Klum noch Fotograf äußern sich im O-Ton positiv über ihr Verhalten:

> „Die Ivana ist auch ein bisschen snobby […] Die macht auch gerne mal die Klappe auf und des find ich halt absolut net

> okay. Wenn wir sie jetzt dirigieren und ihr sagen, sie soll des und des machen, dann macht sie ein auf oberclever und sagt uns, dass des irgendwie falsch ist [...] Des war so 'n bisschen leicht arrogant."[143]

Diese ‚Attitude', wie die Jury es nennt,[144] kann der Rezipient in weiteren Sequenzen beobachten, beispielsweise anhand ihrer fehlenden Motivation vor dem Dreh des Western Fashion-Films, bei dem sie ungeachtet ihrer Einstellung am Ende wieder eine der Besten ist.[145] In Ivanas Inszenierung wird der Schwerpunkt also einerseits auf ihre Qualitäten als Model und anderseits auf die beinahe aufsässig anmutenden Anteile ihres Charakters gelegt. So kann sie zwar auch beim Live-Walk Heidi Klum und Co. immer wieder von sich überzeugen und wird beispielsweise von Thomas Hayo noch einmal in der Halbfinalsendung gelobt: „Du bist von Anfang an eine der stärksten Läuferinnen gewesen. Hast dich dazu noch verbessert."[146] Jedoch eckt sie mit ihrer Art häufig an, wie ich im weiteren Verlauf noch deutlicher herausarbeiten werde. Bei beiden Kandidatinnen wird durch die Akzentuierung charakterlicher Eigenschaften, die allgemein als wenig erstrebenswert betrachtet werden (farblos vs. zickig), der inszenatorische Schwerpunkt auf eine distanzierte Bewunderung ihres fachlichen Könnens und die dadurch entstehenden Vorteile gelegt, wie etwa die Buchungen durch Kunden.

Erfolg und Missgunst

Von den insgesamt dreizehn Jobs, darunter Editorials, Werbespots, Kampagnen und Fashion Shows, die in der Staffel vergeben werden, werden elf über Castings vermittelt. In den elf Castings kommt Jolina neben ihren sechs festen Buchungen zwei Mal in die engere Auswahl, Ivana hingegen neben ihren vier Jobs nur ein weiteres Mal (vgl. Abb. 1). Bei allen Buchungen werden immer wieder Jolinas Augen, ihre Ausstrahlung und ihr ‚perfektes Aussehen' als Entscheidungskriterien der Kunden hervorgehoben.[147] So ist sie beim GoSee[148] bei *NEXT Management*, einer großen amerikanischen Modelagentur, auch die Einzige, mit der der Agenturchef zusammenarbeiten möchte.[149] Im Rahmen der Berliner *Fashion Week*, in der die Modelanwärterinnen mehrere Castings an einem Tag durchlaufen, sollen sie laut Thomas Hayo vor allem einen Eindruck vom richtigen Model-Business kriegen:

> „Man sieht natürlich schon wie so 'ne *Fashion Week* abläuft. Denn da passiert natürlich ein Event und ein Casting nach 'm anderen und für die Models ist es natürlich extrem schwer und 'ne große Herausforderung wirklich sich da nochmal jedes Mal neu zu motivieren und man kriegt so 'n bisschen 'n Geschmack von der Geschwindigkeit, wie das abläuft.“[150]

Auch hier ist wiederum Jolina die Einzige, die von allen drei Mode-Labels für den Runway gebucht wird (vgl. Abb. 1). Alles in allem wird dem Rezipienten der Eindruck vermittelt, dass Jolina trotz ihrer zurückhaltenden Art die besten Voraussetzungen für den Modelberuf mitbringt. Sie scheint das Aussehen zu haben, das den Kunden gefällt, und somit auch gute Chancen, nach Ende der Castingshow weiterhin in der Modewelt arbeiten zu können, zu der ihr *Germany's Next Topmodel* den Zutritt verschafft hat. Dadurch wird sie zum Inbegriff von Professionalität und der Verheißung den „Zugewinn von Handlungsfähigkeit, Zugehörigkeit und Sinn“, wie es Stauber in ihrem Aufsatz beschreibt,[151] über die Sendung hinaus manifestieren zu können.

Aber auch die Schattenseiten Jolinas großen Erfolgs bei den Kunden bleiben innerhalb der Show nicht unerwähnt. In verschiedenen Situationen trifft sie auf den Neid ihrer Konkurrentinnen, unter anderem während des Castings für *Rubin&Chapelle*, bei welchem sie zusammen mit Ivana in die engere Auswahl kommt. Beide müssen in der Kleidung des Designers für ihn laufen, damit er seine abschließende Wahl treffen kann. Während Jolina zu sehen ist, wie sie in einem Kleid in der Boutique auf und ab läuft, werden im Schnitt immer wieder die anderen Kandidatinnen gezeigt, wie sie über Jolina sprechen und lachen.[152] Schon zuvor beim Casting für den *Opel*-Werbespot werden verschiedene Kommentare anderer Teilnehmerinnen eingespielt, in denen sie sich dazu äußern, dass Jolina den Job bekommen werde, egal welche Leistung sie erbringe. Als Reaktion auf die Ansichten ihrer Konkurrentinnen ist Jolina abgeschieden von allen, allein sitzend und weinend, zu beobachten. Die Dramatik der Sequenz wird dabei von trauriger Musik verstärkt. Im O-Ton beschreibt sie ihre Gefühle als zwiegespalten zwischen der Freude darüber, dass sie den Kunden gefällt, und der seltsamen Reaktion der Mädchen.[153] Gerade in Szenen wie diesen wird sie als das junge Mädchen gezeigt, das sie ist und das wie jeder mit der Missgunst anderer zurechtkommen muss. Durch die Inszenierung ihrer Ausgrenzung aus der Gemeinschaft und ihrer Tränen, die in ihrer sehr dramatisierten, emotionalisierten Art an die *Soap Opera*-typischen Darstellungskonventionen erinnert, wird die Distanz zwischen Publikum und Jolina zumindest für den Moment aufgehoben. Ihre Emotionen bleiben jedoch weiterhin auf wenige Ausnahmen wie diese beschränkt, weswegen die emotionale Nähe nur von kurzer Dauer ist.

Auch in Ivanas Fall wird die Haltung ihrer Konkurrentinnen ihr gegenüber abgehandelt, bei welchen sie gegen Ende der Staffel immer häufiger Unmut hervorzurufen scheint. Dem Rezipienten werden zunehmend Kommentare von Teilnehmerinnen präsentiert, in denen sie Ivana vorwerfen, abzuheben und sich für etwas Besseres zu halten.[154] Dieser Eindruck wird durch Szenen verstärkt wie etwa während des GoSees in der amerikanischen Modelagentur. Dort antwortet sie auf die Frage, weswegen sie Model werden möchte, sie glaube, dazu geboren worden zu sein.[155] Bei dem daran anschließenden Casting fängt die Kamera wiederum Ivanas schnippische Reaktion auf die Sorge einer anderen Kandidatin ein, den Job nicht zu bekommen, weil sie beim Laufen beinahe ausgerutscht sei.[156] Relativ unbeteiligt äußert Ivana, Aufregung bei Castings für unnötig zu halten, weil sie sich sonst nur selbst im Weg stünde. Letzten Endes bekommt sie den Job auch.[157] Doch diese scheinbare Selbstsicherheit steht im Kontrast zu anderen Situationen, in welchen sie längst nicht als so sicher wahrzunehmen ist. Sowohl während der *Fashion Week* in Berlin, wo sie enttäuscht auf die Ablehnung beim ersten Casting reagiert,[158] als auch zu Beginn des Auswahlprozesses für *Gilette Venus*, bei welchem sie sich keinerlei Chancen ausrechnet,[159] wird eine deutlich unsicherere Außenwirkung inszeniert. Die Darstellung ihres vermeintlichen Selbstbewusstseins auf der einen Seite und ihrer Unsicherheit auf der anderen Seite erzeugen ein nicht ganz stimmiges Bild ihrer Persönlichkeit. Wer selbst unsicher ist, aber auf die Unsicherheiten anderer verständnislos reagiert, der stößt nicht unbedingt auf Sympathien. Die Ablehnung des Zuschauers und ein freies moralisches Urteil über ihr Verhalten scheint hier die schlüssige Konsequenz zu sein. Doch egal wie Ivana sich privat verhält, ihr Erfolg bei den Kunden und somit auch die Möglichkeit der ‚distanzierten affirmativen Identifikation' bleibt weiterhin bestehen. Während Jolina privat also eher als umgängliches ‚graues Mäuschen' dargestellt wird, ist Ivana vielmehr als ‚Zicke' zu beobachten. Obgleich sie sich außerhalb des Modelbusiness dementsprechend weniger als Modelle der Identifikation eignen, bleiben sie als Mannequins mit ihrem großen Erfolg weiterhin ideale Figuren der Bewunderung.

Idealisierung des Modelberufs

Im Gegensatz zu Ivana, die mit ihren vier Buchungen für Fashion Shows auf eine Sparte festgelegt zu sein scheint, wird Jolina für unterschiedlichste Jobs gebucht, darunter eine Modestrecke, ein Werbedreh, drei Fashion Shows und eine Kosmetikkampagne (vgl. Abb. 1). Gerade die Jobs sind neben dem Weiterkommen und dem letztendlichen Sieg des Titels *Germany's Next Topmodel* die größte Bestätigung der Kandidatinnen und ihrer Qualitäten. Hier kann der Rezipient stellvertreten durch die *Topmodel*-Anwärterin den Traum miterleben, Model zu sein.

Schon Jolinas erster Auftrag für ein Editorial in dem Modemagazin *Cosmopolitan*, was wie Thomas Hayo zu berichten weiß, ein Job ist, den man als Nachwuchsmodel unbedingt haben möchte, kann als mustergültig für die Aufarbeitung des idealisierten Modelberufs verstanden werden. Der Zuschauer bekommt hier die Möglichkeit zu beobachten, wie Jolina zusammen mit einem weiteren Model ihre ersten Erfahrungen bei einem bezahlten Fotoshooting sammelt. Zunächst werden die jungen Frauen in der Maske gefilmt, wie sie fachkundig gestylt und geschminkt werden, um dann im Anschluss von einem ganzen Team an professionellen Fotografen und Assistenten ins beste Licht gerückt zu werden. Zwischendurch werden dann die fertigen Bilder eingeblendet, wie sie später in der Zeitschrift zu sehen sind.[160] Auch das Fotoshooting für die Kosmetikfirma und der Werbedreh sind ähnlich in Szene gesetzt:[161] Der Spaß an der Arbeit steht im Vordergrund. Emotional wie selten spricht Jolina mit strahlenden Augen in die Kamera: „Es war ein super mega geiler Tag und gerne wieder."[162] Die Produzenten von *Germany's Next Topmodel* lassen hier keine Gelegenheit, an der Idealisierung des Model-Daseins zu zweifeln. Wird der Sendung Glauben geschenkt, scheint es nichts Schöneres zu geben als sich schminken, stylen und fotografieren zu lassen.

Die Inszenierung der Fashion Shows, bei denen Jolina und Ivana laufen, folgen ebenfalls einem bestimmten Schema. In der zehnten Folge, der sogenannten ‚Fashion Week Edition', wird vor allem drei Labels auf der *Fashion Week* in Berlin (*MBFW*) ein großer narrativer Raum zugestanden. Zunächst werden die Models gezeigt, wie sie bei der Show-Location im Backstage-Bereich eintreffen, ihnen Haare und Makeup gemacht und ihnen ihre Outfits zugewiesen werden. Hinter den Kulissen ist geschäftiges Treiben zu sehen, die letzten Vorbereitungen laufen hier auf Hochtouren. Indes wird auf das Eintreffen der ersten Gäste geschnitten: Fachpresse, Designer und Prominenz sind zu erkennen.[163] Auch bei *Kaviar Gauche*, das zweite Label des Tages, wird die Exklusivität und Prominenz der Gäste wie etwa Model Eva Padberg betont, was nicht zuletzt mit dem Einspielen des Liedes *The Glamorous* der Musikerin *Fergie* hervorgehoben wird. [164] Die Show beginnt. Sequenzen vom Catwalk, wo die *Topmodel*-Anwärterinnen zusammen mit anderen professionellen Models die Kollektion der Designer präsentieren, und aus dem Backstage-Bereich, wo die Outfits schnell gewechselt werden und noch einmal letzte Hand an Haare und Makeup angelegt wird, wechseln sich ab. Euphorisch grinsend erzählt Jolina: „Im Augenwinkel sieht man immer wie viele da sitzen, aber ich hab mich eher darauf konzentriert, dass ich den Walk gut mache. Ich will jetzt nochmal raus. Mega geil."[165] Die Begeisterung hält auch bei Ivana nach Ende der Show noch an: „War cool, war sehr, sehr cool. Auf jeden Fall."[166] Beide Kandidatinnen fühlen sich durch die Modenschauen darin bestätigt, dass der Beruf genau das Richtige für sie ist, weil er ihnen so viel Spaß bereitet.[167] Erneut wird der Rezipient hier in die Lage versetzt, sich durch die Mädchen auf das ‚Abenteuer Model' einzulassen und einen Einblick in die aufregende Welt des ‚echten Modelalltags' zu bekommen, den nicht zuletzt Jolina und Ivana durch ihre Aussagen als absolut erstrebenswert kennzeichnen.

Dem Höhenflug der beiden stehen die Teilnehmerinnen entgegen, die im Rahmen der *Fashion Week* keinen Job bekommen haben. Durch ihre Erfolglosigkeit ausgegrenzt, kann der Rezipient beobachten, wie sie das *MBFW*-Zelt nur von außen betrachten dürfen. Während Jolina und Ivana den Erfolg und das damit einhergehende Glücksgefühl verkörpern, stehen die anderen Kandidatinnen für die Niederlage und das Gefühl des Versagens.[168] Der Zuschauer wird zwar eingeladen, mit den Teilnehmerinnen ohne Buchung mitzufühlen, aber nur in dem Sinne, dass fehlender Erfolg keine Option sein darf, sondern ausschließlich das Streben nach dem Lifestyle, den Jolina und Ivana durch ihre Jobs zeigen. Der Logik der Sendung zu Folge ist der Schlüssel zu diesem Erfolg die durch Ivana und Jolina verkörperte Professionalität. Der Unterschied zwischen den nichtgebuchten Teilnehmerinnen und dem gebuchten Model wird in der 13. Folge, in der Ivana ihren letzten Job für die *New York Fashion Week* (*NYFW*) bekommt, dramaturgisch weiter zugespitzt. Während die anderen Kandidatinnen bei der Wochen-Entscheidung sind und bangen müssen, ob sie weiterkommen oder nicht, ist Ivana in New York bei der Showroom-Präsentation des Labels *Rubin&Chapelle*. Im ständigen Wechsel werden Ausschnitte aus New York von Ivana und aus Los Angeles von der Entscheidung gezeigt. Immer wieder werden die Sequenzen von Ivana im Blitzlichtgewitter von den Kommentaren der anderen Mädchen unterbrochen, die dieser vorwerfen, abgehoben zu sein und sich für etwas Besseres zu halten.[169] Hier wird noch einmal gezeigt, weswegen die professionelle Bestätigung durch die Buchung eines Kunden so erstrebenswert ist: Reisen, Glamour und Aufmerksamkeit statt Entscheidungsangst. Desweiteren rückt Ivanas schwierige Persönlichkeit erneut in den inszenatorischen Fokus. Indem die Produzenten das Bildmaterial von Jolina und Ivana bei der Arbeit dahingehend zusammenstellen, dass der Zuschauer kaum umhinkommt, die beiden Kandidatinnen als Stellvertreterinnen des Modelbusiness zu bewundern, erhöhen sie die Fallhöhe bei Misserfolg. Schließlich stehen Castingshows für das Erfolgsprinzip. Obwohl es am Ende nur einen Sieger geben kann, möchte niemand zu den Verlierern zählen. Entsprechend werden die beiden innerhalb von *Germany's Next Topmodel* als ideale Modelle der Professionalisierung genutzt, um die Sendung in ihrem Orientierungsangebot für die jugendliche Identitätsarbeit zu bestärken.

Umso mehr Jolina und Ivana aufgrund ihrer vielen Jobs im professionellen Bereich im Vordergrund stehen, umso weniger spielen private Hintergründe in ihrer Inszenierung eine entscheidende Rolle. Bei beiden Kandidatinnen gibt es nur wenige Momente, die wirklich Aufschluss über ihr Privatleben beziehungsweise ihren eigentlichen Charakter fernab vom Model-Business geben. Wie sich in der Auseinandersetzung mit der Inszenierung Jolinas herauskristallisiert hat, wird ihr außerhalb von Castings und Jobs vergleichsweise wenig Sendezeit zugestanden. Der Zuschauer erfährt nur wenig über sie und ihre persönliche Lebensgeschichte. Auch die Gefühlsregungen Jolinas bleiben bis auf einige Ausnahmen größtenteils außen vor. Wenn positive Emotionen bei Jolina erkennbar werden, dann in erster Linie im Kontext von Jobs, wie beispielsweise im Rahmen der Berliner *Fashion Week.*[170] Indem für ein vom Rezipienten empfundenes Gefühl von Nähe zur medialen Figur eine Vertrautheit mit dieser notwendig ist, wird klar, dass bei Jolina dazu kaum Material angeboten wird. Auch wenn sie vielleicht in ihrer Rolle als schüchternes Mädchen anderen schüchternen jungen Frauen dazu dient, sich auf Phantasien einzulassen, allen zu zeigen, was in ihnen steckt, liegt bei Jolina der Schwerpunkt mit Sicherheit nicht auf der Nähe zum Publikum. Viel eher entwickelt sie durch ihr herausragendes Talent als Model eine Art Idolwirkung, die durch die Leerstellen in ihrer einseitigen Inszenierung Raum für die Projektion von Träumen hinsichtlich des glamourösen Lebens eines Models lässt. Ähnlich selten wird das Augenmerk auf Ivanas Privatleben gelenkt. Sie wird als intelligente junge Frau dargestellt, die in ihren Aussagen sehr bestimmt wirkt.[171] Insgesamt scheint die Auswahl des Bildmaterials bei Ivana aber stark darauf gerichtet zu sein, sie als wenig emotional und wirsch zu präsentieren.[172] Doch auch bei ihr gibt es Ausnahmen, die sie deutlich emotionaler zeigen: beispielsweise im Umgang mit ihrem Freund[173] oder in ihrem tränenreichen O-Ton über den selbstgewählten Ausstieg einer Kandidatin.[174]

Ich denke, dass weder Jolina noch Ivana ausschließlich den Aspekten ‚Bewunderung und Distanz' zugeordnet werden können. Bei beiden lassen sich immer wieder auch Momente erkennen, in denen die Kategorie aufgeweicht wird. So wird bei Jolina in ihrer Hilflosigkeit dem Neid der anderen Kandidatinnen gegenüber Nähe durch Mitleid generiert oder bei den bissigen Kommentaren Ivanas ein Moment der Abgrenzung von ihrem negativen Verhalten geschaffen. Die stereotype Inszenierung der ‚grauen Maus' und der ‚Zicke' lädt zwar im privaten Bereich weniger zur affirmativen Identifikation ein, doch indem der dramaturgische Kern bei beiden Mädchen im professionellen Bereich und der Idealisierung des Modelberufs liegt, bestätigen sich die Kategorie ‚Bewunderung und Distanz' und somit die ‚distanzierte affirmative Identifikation' als vorherrschend.

Liebenswertes Aschenputtel und Kämpferin mit Durchhaltevermögen

Im Bereich ‚Bewunderung und Nähe' werde ich die viertplatzierte Betty Taube (19) und die spätere Siegerin Stefanie Giesinger (17) innerhalb der Show untersuchen. Anders als bei Jolina und Ivana wird durch den hohen inszenatorischen Stellenwert von privaten Hintergründen sowie persönlichen Wesensmerkmalen eine Vertrautheit mit dem Publikum geschaffen, die viel Raum für ‚nahe affirmative Identifikation' bietet. Wie sich durch meine Analyse zeigen wird, werden beide Kandidatinnen durch die Wahl des Bildmaterials und ihrer Kommentare als bewundernswerte Identifikationsmodelle dargestellt. Es war mir kaum möglich, in der Show Sequenzen zu finden, in denen ihr Verhalten nicht als durchweg positiv zu verstehen ist. Während in

Bettys Fall die Geschichte eines Mädchens aus dem Kinderheim erzählt wird, das davon träumt, mit *Germany's Next Topmodel* die ganze Welt sehen zu können,[175] steht bei Stefanie die Genesung von einer lebensbedrohlichen Krankheit an erster Stelle, aus der sie als Kämpferin hervorgegangen ist und die sie dazu antreibt, als Teil der Castingshow anderen Mädchen ein Vorbild sein zu wollen.[176] Im Gegensatz zu Ivana und Jolina, die ihr von Beginn an bereits sehr hohes Können im Verlauf der Show weiter steigern und einen Job nach dem anderen bekommen, wird dem Rezipienten meines Erachtens bei Betty und Stefanie die Möglichkeit eröffnet, sie nach anfänglichen Startschwierigkeiten auf ihrem schweren Weg an die Spitze zu begleiten – vom Mädchen zum Model also. Dem starken Fokus auf die persönlichen Hintergründe der beiden gemäß möchte ich diese zuerst betrachten, um im Anschluss daran die Entwicklung hinsichtlich ihrer Fähigkeiten als Models untersuchen zu können.

Geschichten von Drehbuchautoren

In der Befassung mit der Darstellung Bettys innerhalb der neunten Staffel hat man von Beginn an den Eindruck einer modernen Version des *Aschenputtel*-Märchens: Der Protagonistin wird durch *Germany's Next Topmodel* die Chance geboten, die einfachen Verhältnisse des Kinderheims zu verlassen, um eine neue Welt mit luxuriösen Unterkünften, schönen Kleidern und Geschenken zu entdecken. Heidi Klum, die Betty in der ersten Folge zuhause im Heim besucht, um sie zum Casting in die Sendung einzuladen, nimmt hier sozusagen die Rolle der ‚guten Fee' ein. Durch die Einbettung dieser Sequenz in das Anfangscasting wird der Unterschied zwischen dem Leben, das Betty für gewöhnlich führt und der Chance, die sie durch *GNTM* hat, hervorgehoben. Im ländlichen Haselberg überrascht Heidi die Neunzehnjährige beim Frühstück mit Freund und Freundinnen in der

Heimküche. Im Anschluss an das Frühstück, lässt sich Heidi von Betty ihr Zimmer mitsamt einem Bild der Mutter zeigen. Auf Heidis Frage, warum Betty hier sei, erzählt sie: [177]

> „Also, ich bin mit meiner Mama ganz viel umgezogen [...] und meine Mama wollte sich selbstständig machen und das hat Alles nicht so geklappt. Und dann war sie halt sehr oft traurig und hat mich so vernachlässigt. Und denn wurde halt entschieden, dass ich lieber woanders hingehen sollte."[178]

Trotz der Inszenierung der bewegten Vergangenheit Bettys wird dem Zuschauer ein sehr glückliches Bild vermittelt. Sie wird als strahlende junge Frau präsentiert, die sich dankbar über ihr gutes Leben im Heim äußert. Auch Heidi Klum zeigt sich sowohl von Betty als auch von den Bedingungen des Heims positiv überrascht. Von ihrer Betreuerin wird Betty darüber hinaus als umgängliche, soziale und authentische Person beschrieben, die man wegen ihrer liebenswerten Art einfach mögen müsse.[179] Der sympathische Eindruck, den der Zuschauer beim ersten Kennenlernen von Betty vermittelt bekommt, wird unter anderem in der gesendeten Auswahl ihrer Interaktionen mit ihren Modelkolleginnen bestätig. Als Jolina etwa wegen der Forderung der Jury ihre Haare abschneiden zu lassen, in der Maske zu weinen beginnt, ist Betty eines der Mädchen, die sie trösten.[180] Ferner ist sie die Erste, die auf die weinende Nathalie zugeht um deren Konflikt mit den anderen Kandidatinnen zu schlichten.[181] Auch ihr Verhalten gegenüber ihrem Freund, den sie ‚Honig' nennt, wird als innig und loyal inszeniert. So stellt sie ihre Beziehung zwei Mal eindeutig über die Anforderung, beruflich ein männliches Model küssen zu müssen.[182]

Insgesamt wird Betty als sehr ‚süßes' Mädchen inszeniert. Egal ob der Regisseurin des *Gilette Venus*-Werbespots („Sie ist irgendwie so süß. Du willst sie die ganze Zeit küssen."[183]) oder Thomas Hayo („Betty ist full of life, sunshine. Du kannst Betty nur mögen. [...] wer Betty nicht mag, der hat kein Herz."[184]) Glauben geschenkt wird, dem Zuschauer bleibt kaum eine Möglichkeit, Betty nicht zu mögen. Selbst wenn sie einmal nicht als Sonnenschein zu sehen ist, werden die Emotionen der Fernsehzuschauer in Richtung affirmativer Identifikation gelenkt. So wird beispielsweise Bettys Vergangenheit innerhalb der ‚Emotions Edition' ein weiteres Mal in den Fokus gerückt. Die Nachwuchsmodels sollen beim Wochen-Shooting eine tränenreiche Abschiedsszene am Bahnhof nachempfinden. Doch schon die Vorbereitungen auf diese Aufgabe gehen Betty sehr nah.[185] Aus Rücksicht auf ihre Erfahrungen wird ihr als Einzige eine andere Aufgabe zugeteilt. Sie muss beim Shooting keinen Abschied darstellen, sondern eine freudige Ankunft am Bahnhof. Nach erfolgreichen Aufnahmen wird die weinende Betty von den anderen Kandidatinnen tröstend in den Arm genommen.[186] Die Redakteure bemächtigen sich des dramaturgischen Potenzials der Szene, um die Vertrautheit zwischen Betty und dem Publikum weiter auszubauen. Indem ihre Traurigkeit hier im Kontrast zur ihrer sonstigen Fröhlichkeit steht, kann eine junge Frau inszeniert werden, die trotz einer tragischen Vergangenheit ein liebenswürdiger und strahlender Mensch geblieben ist. Geschichten wie diese finden bei vielen Rezipienten großen Anklang, was sich nicht zuletzt in den Erzählungen von Daily Soaps und dergleichen zeigt.

Dem *Aschenputtel*-Märchen Bettys steht Stefanies Geschichte einer Kämpferin gegenüber. Hier erfährt das Publikum zum ersten Mal in Folge zwei von ihrem schweren Krankheitsverlauf. Unter Tränen erzählt sie den anderen Mädchen, wie die Ärzte sie über Jahre fälschlicherweise als bulimisch eingestuft hatten, weil sie häufig ihr Essen nicht bei sich behalten konnte. Nur dank einer Not-OP ihrer verdrehten Organe konnte sie im Alter von dreizehn gerettet werden. Ihre Genesung benennt Stefanie als einen der Gründe, weswegen sie sich bei *Germany's Next Topmodel* beworben hatte, erkennt sie doch in der Castingshow die Chance, anderen Mädchen mit ihren eigenen Erfahrungen Mut zu machen.[187] Immer wieder wird ihre persönliche Lebensgeschichte mehr oder weniger dramatisch in Szene gesetzt. Ganz gleich, ob sie beim Helikopter-Rundflug über den Grand Canyon ihre große Dankbarkeit gegenüber dem Modelformat zum Ausdruck bringt,[188] im Vorfeld des ‚Kinder-Shootings' über ihren krankheitsbedingt unmöglichen Kinderwunsch spricht[189] oder im Rahmen der von *GNTM* fingierten Pressekonferenz die Reporter zu Tränen rührt,[190] die Inszenierung Stefanies ist klar darauf ausgerichtet, ein junges Mädchen auf ihrem Weg zur strahlenden Heldin zu zeigen, die Unsicherheit und Krankheit hinter sich lässt und die Voraussetzungen hat, zu begeistern. Ihre in den Augen der Juroren beeindruckende Reise gipfelt schließlich in dem Titel *GNTM.* Als sie am Ende der Show zum ersten Mal ihr *Cosmopolitan*-Cover sieht, ist sie sich sicher, dass das der schönste Moment ihres Lebens ist.[191] Ähnlich Bettys Inszenierung machen sich die Produzenten der Sendung in Stefanies Fall eine Geschichte zunutze, wie sie Drehbuchautoren nicht besser hätten schreiben können. Ihre Entwicklung „vom Underdog wirklich zum strahlenden Topmodel",[192] wie es Thomas Hayo in der Finalshow in Worte fasst, ermöglicht vielen jungen Frauen die Option, sich der Wunschvorstellung vom Aufstieg aus der Masse hinzugeben. Die Rolle, die ihr in der neunten Staffel zukommt, lässt sich wahrscheinlich am Besten in einem Zitat von Stefanie selbst zusammenfassen: „Ich glaube, dass ich *Germany's Next Topmodel* werde, weil ich die Ausstrahlung habe, die Lebensfreude habe und auch 'n gutes Vorbild sein kann für Mädels, die gerade vielleicht nicht so selbstbewusst sind."[193] Dementsprechend positiv wird sie im kompletten Verlauf der Sendung gezeigt. Auch den anderen Mädchen gegenüber erscheint sie als sehr liebenswert, versucht beispielsweise während des Streits von Nathalie und Lisa zwischen den beiden zu vermitteln und zeigt sich gegenüber Nathalie, die bei den anderen Mädchen oft auf Missbilligung trifft, als sehr verständnisvoll.[194]

Insgesamt stellt sich mir in der Analyse Bettys und Stefanies dar, wie durch die Hervorhebung ihrer privaten Lebensgeschichten im

Vergleich zu Jolina und Ivana ein viel größerer Raum für die Empfindung von Nähe zwischen medialer Figur und Rezipient eröffnet wird. Es werden deutlich mehr persönliche Anknüpfungspunkte geboten und somit auch mehr Möglichkeiten für Vergleiche oder Identifikation. Sowohl Betty als auch Stefanie könnten die Mitschülerin oder die beste Freundin sein. Dementsprechend kann der gewillte Zuschauer sie bei ihrem Weg nach oben begleiten und anhand dessen lernen, was notwendig ist, um alle Hürden zu überwinden und sich zu einem *Topmodel* zu entwickeln. Dieser Aufstieg aus der Masse der ‚gewöhnlichen' Mädchen zu bewundernswerten Models möchte ich vor dem Hintergrund ihrer individuellen Geschichten im weiteren Verlauf noch genauer herausarbeiten, angefangen bei ihren anfänglichen Schwierigkeiten über ihre Höhen und Tiefen bis hin zum letztendlichen Siegeszug.

Nur das Mädchen von Nebenan?

Beim Anfangscasting wird Betty als recht unsicher gezeigt, so äußert sie beispielsweise im Interview, wie schwer es wegen der Konkurrenz für sie werden wird, weiterzukommen. Heidi Klum, die sie bereits einen Tag zuvor kennengelernt hatte, ist von Beginn an von Betty überzeugt. Es gilt die Stimmen der beiden verbliebenen Juroren zu erlangen. Unbeholfen und steif läuft sie über den Catwalk, knickt um. Trotz der schwachen Leistung lässt die Jury sie einstimmig eine Runde weiter.[195] Auch im späteren Verlauf der ersten Episode üben die Juroren Kritik an ihr, da sie ihnen bei Shooting und Laufstegtraining ‚zu süß' und ‚zu wenig tough' gewesen sei.[196] Von Heidi Klum auf dem Runway als ‚Wackeldackel' beschrieben, halten Bettys Schwierigkeiten in Folge zwei weiter an.[197] Erst im Verlauf von Episode vier scheint sie die geforderte Leistung ausreichend abrufen zu können und wird sowohl vom Fotografen für ihre beeindruckende Authentizität beim Shooting als auch von der Gastjurorin bei der Entscheidung für ihren ,Walk' gelobt.[198]

Ähnlich große Probleme hat Stefanie vor allem beim Anfangscasting. Zwei Mal muss sie sich der Jury stellen und bleibt trotzdem Wackelkandidatin, darf also nicht automatisch in die nächste Runde, sondern muss am Ende noch einmal mit allen anderen Wackelkandidatinnen vor die Jury treten, die dann entscheidet, wer weiterhin dabeibleibt und wer gehen muss. Im ganzen Prozess ist sie in ihrem Verhalten und ihren Kommentaren zugleich als aufgelöst und optimistisch wahrzunehmen.[199] Auch in Episode zwei wirkt sie in ihrer Darstellung verunsichert und ängstlich. Sie muss sich im Rahmen des Fotoshootings nicht nur ihrer Angst vor Schlangen stellen, sondern auch mit ihrer Unsicherheit gegenüber einer anderen Kandidatin umgehen, die ihr vom Typ her sehr ähnlich ist.[200] Trotz ihrer Nervosität und Heidis Kritik ,zu kindlich' und ,zu wenig arrogant' zu sein, schafft sie es beim Entscheidungs-Walk wieder eine Runde weiter.[201] Doch schon in Folge vier gehört Stefanie am Ende erneut zu den Wackelkandidatinnen. Zu langweilig sei sie in den Augen der Juroren auf dem Catwalk.[202] Erst in der fünften Episode ist sie Heidis Ansicht nach in der Lage, ihre Chance so zu nutzen, dass sie direkt weiterkommt.[203]

Anders als Jolina und Ivana gehören Betty und Stefanie also nicht von Anfang an zu den Besten. Würden sie nur aufgrund ihrer Leistung bewertet, hätte das Casting schon in der ersten Runde für sie zu Ende gehen können. Gerade zu Beginn der Staffel werden sie noch sehr als die jungen ,Mädchen von Nebenan' gezeigt, die im Jahr zuvor vielleicht noch selbst vor dem Fernseher gesessen haben und nun den Traum vom Modeln leben dürfen, aber erst noch sehr viel lernen müssen. Stärker als ihr Modelpotenzial steht hier demnach ihre persönliche dramaturgische Wirksamkeit im Fokus, die sich aus ihrem sympathisch anmutenden Charakter, ihrem sozialen Verhalten und ihrer gut zu inszenierenden Lebensgeschichte ergibt.

Hoch und runter: Zwischen bangen und bewundern

Nach anfänglichen Startschwierigkeiten ändert sich der Verlauf von Bettys Weg ab der sechsten Episode deutlich. Im Wochen-Shooting erbringt sie trotz ihrer großen Angst vor Spinnen eine so gute Leistung, dass sie erstmals zu den besten Kandidatinnen des Fotoshootings zählt. Der Fotograf, der bereits für den Video-Dreh in Sendung vier verantwortlich war, äußert sich als stark beeindruckt von Bettys Verbesserung, weswegen er sie zusammen mit drei weiteren Models für sein Magazin *Hunger* bucht.[204] Ich verstehe diese Sequenz in ihrem Aufbau in vielerlei Hinsicht als mustergültig. Betty sieht sich hier wie alle Mädchen mit einer Angst konfrontiert, die viele der Zuschauer nachempfinden können. Ihre Phobie, die unter anderem durch die von ihr gezeigten Kommentare zum Ausdruck gebracht wird, macht sie sehr menschlich. Indem sie es schafft, ihre Befangenheit zu bezwingen und eine gute, den Anforderungen der Juroren entsprechende Leistung zu erbringen, lässt sie in diesem Augenblick das Mädchen hinter sich und ist ganz das professionelle Model. Mit dem Job für *Hunger* findet ihr Handeln umgehend Honorierung. Betty wird im Sinne der Lerntheorie am Modell zum positiven Vorbild, aus dessen Verhalten abgeleitet werden kann, dass es sich lohnt, Ängste zu überwinden. Eben dieses Inszenierungsschema erkenne ich in weiteren Situationen. Mithin gelingt es ihr schon in der nächsten Episode beim Shooting ihre anfänglichen Hemmungen, die brutale Diva zu spielen, zu überwinden und als Beste abzuschneiden.[205] Desweiteren trotzt sie in Folge acht der Kälte Utahs und lässt sich ungeachtet ihrer Krankheit bei Schnee in einem kurzen Kleid fotografieren. Wieder gehört sie zu den besten Kandidatinnen.[206] Erst in Berlin während des Casting-Marathons nimmt Bettys stetiger Aufstieg ein jähes Ende. Bei keinem der vier Castings, zu denen sie eingeladen wurde, kann sie den Kunden für sich gewinnen. Zu unsicher wirkt sie beispielsweise Anja Gockel.[207] Da sie außerdem weder beim Shooting noch beim Live-Walk besonders glänzt, bleibt die zehnte Woche insgesamt für Betty eine der schwächsten.[208] Gerade als nach vier sehr positiven Episoden der Eindruck entsteht, Betty sei am Ziel angekommen, ein echtes Model zu sein, knickt die Erfolgskurve ab. Plötzlich zählt sie nicht mehr zu den Kandidatinnen, die wie Jolina und Ivana zu den glücklichen Siegerinnen der *Fashion Week* gehören, sondern zu den wenigen Mädchen, die sich darauf beschränken müssen, das Geschehen nur von außen beobachten zu dürfen.[209] Aber gerade dramaturgisch betrachtet entfaltet sich hier großes narratives Potenzial. Nach ihren vielen Erfolgen in den Wochen zuvor, wirkt die Niederlage umso härter, bietet aber auch die Möglichkeit, die Geschichte eines Aufstiegs vom Mädchen zum Model mit allen Hürden weiter auszubreiten.

Auch bei Stefanie wird eine Entwicklung von Folge zu Folge mit vielen Höhe- und Tiefpunkten in Szene gesetzt. Während Stefanie sich beim ‚Spider-Shooting' noch deutlich schwerer tut, ihr nicht gelingt ihre Angst auf den Bildern zu verbergen,[210] steigert sie ihre Leistung immer weiter bis sie schließlich im Rahmen des ‚Indianer-Shootings' in der achten Sendung zum ersten Mal all ihre Konkurrentinnen hinter sich lässt, nur um dann wiederum beim Dreh für den Fashion-Film zu den Schlechtesten zu gehören.[211] Stefanies Berg- und Talfahrt zieht sich bis in die elfte Sendung durch. Auf ein gutes Fotoshooting in der neunten Episode folgt ein nervöser Walk, bei dem sie stolpert, erfolglose Tage bei der Berliner *Fashion Week* werden abgelöst von einem herausragenden Shooting.[212] Im selben Maße wie sich Erfolg und Niederlage bei Stefanie abwechseln, alternieren Unsicherheit und Optimismus. So nimmt sie sich beispielsweise trotz ihrer

Höhenangst beim ‚Trampolin-Shooting' auf dem Dach eines Hochhauses vor, dieses Erlebnis zu genießen: „Kacke. Ich hab Angst. Ich hab so Angst. Aber egal, ich mach das. Ich freu mich total und selbst, wenn ich es verhaue, sowas Tolles werde ich niemals wieder im Leben machen. Also werd ich 's einfach genießen."[213] Ihre Energie und ihre Motivation, mit der sie entgegen ihrer Zweifel an die ihr gestellten Aufgaben geht, bringen sie immer weiter voran. Wie bei keiner zweiten Kandidatin ist Stefanies Weg in der Modelshow geprägt von Höhen und Tiefen sowie Versagensängsten und Selbstmotivation. Stefanie wird dem Zuschauer von Beginn an durch die Auswahl ihrer Aussagen im gleichen Maße als sehr unsicher, aber ebenso optimistisch nähergebracht. Ihr Antrieb scheint dabei zwei Aspekten zu entspringen. Zum einen wird sie als dankbar für ihre Genesung und ihre dadurch überhaupt erst aufkommenden Möglichkeiten im Leben gezeigt, wie etwa die Chance bei *Germany's Next Topmodel* teilnehmen zu dürfen. Auf der anderen Seite steht der Erfolg als zentraler Faktor für die Einstellungsänderung Stefanies bei Shootings.

Sowohl Betty als auch Stefanie begreife ich als Sinnbilder des in der Show präsentierten Überwindungs-Narratives. Die Wandlung ihres Verhaltens von selbstzweifelnd hin zu einer auf möglichen Erfolg gerichteten Motivation ist dabei stark auf die Emotionalisierung und ein mögliches Nachempfinden durch den Rezipienten ausgerichtet. Anders als bei Jolina und Ivana, bei denen kaum Möglichkeiten der persönlichen Anknüpfung geboten werden, wird hier eine Nähe erzeugt, die die Rezeption auf eine ‚nahe affirmative Identifikation' lenkt. Indem auf die Überwindung von persönlichen Schwierigkeiten umgehend eine Belohnung in Form von Jobbuchungen oder dem Erreichen der nächsten Runde folgt, wird die Zustimmung des Zuschauers für das Verhalten der Kandidatinnen lanciert, so dass dieser kaum noch umhinkommt, Betty und Stefanie als Stellvertreterinnen des Mikrokosmos *Germany's Next Topmodel* zu bewundern. Diese

Bewunderung findet schließlich im Erfolg der beiden einen möglichen Höchstwert.

Vom Underdog zum strahlenden Topmodel

Bettys Erfolgskurve erreicht in der ‚Sexy Edition' einen ihrer beiden Höhepunkte. Im Verlauf der bisherigen Episoden wurde die Zuschauerwahrnehmung in Bettys Fall in erster Linie auf die Kritik gelenkt ‚zu süß' zu sein. Nun beweist sie bei Shooting und Live-Walk zum ersten Mal, dass sie auch ‚sexy' wirken kann. Während der Entscheidung äußern sich die Juroren positiv überrascht ob ihrer starken Veränderung. Heidi Klum glaubt, Betty auf dem Weg zu sich selbst zu wissen und bestätigt sie darin, andere Seiten an sich entdeckt zu haben, die sie vor *Germany's Next Topmodel* noch gar nicht gekannt habe.[214] Im Verständnis der Castingshow bezieht sich die Kritik ‚zu süß' zu sein auf ein ‚zu sehr Mädchen und zu wenig Model' zu sein. Von den jungen Frauen wird erwartet ihre eigentliche Persönlichkeit so weit hinter sich zu lassen, dass sie bei Bedarf der ‚sexy Vamp' sein können, den die Werbebranche braucht, um Unterwäsche oder ein Auto verkaufen zu können. In der Anforderung sexy zu sein, wird impliziert, dass auf einem Foto oder auf dem Runway niemand das junge Mädchen mit einem individuellen Charakter sehen möchte, sondern ein erotisches Model, das genügend Projektionsfläche für die Bedürfnisse der Rezipienten bietet. Indem Betty es schafft, ihre offenbar ureigene ‚süße Art' zumindest für den Moment abzulegen, wird ihr bescheinigt, dass sie einen weiteren wichtigen Schritt vom Mädchen zum Model geschafft hat. Hier wird die Veränderung des Charakters dem System entsprechend nicht als Einschnitt in die Persönlichkeit, sondern als Erweiterung des eigenen Model-Repertoires verstanden. Trotz ihres ersten Jobs in Folge vierzehn, ihrer Entwicklung und ihrer liebenswerten Art, muss Betty die Show in der letzten Sendung vor dem Finale verlassen. Obwohl die Juroren Betty als wunderschön beschreiben, als Person, die man einfach mögen müsse, reicht es am Ende nicht für das große Finale. Betty unterliegt ihrer Konkurrentin Stefanie,[215] äußert sich aber dennoch positiv: „Das ist erstaunlich, dass ich es überhaupt so weit geschafft habe. Ich hab 's fast bis zum Ende geschafft. Aber ich hab 'ne Menge mitgenommen."[216] Anders als bei anderen Kandidatinnen, die aufgrund mangelnder Leistung nicht weiterkommen, wird in Bettys Fall versucht, ihr Ansehen aufrecht zu erhalten. Sie muss die Show auf dem Höhepunkt ihres Erfolges verlassen, bleibt am Ende also dennoch als sympathische Figur ein Modell affirmativer Identifikation, wodurch ihrem Rauswurf eine dementsprechend dramatische Fallhöhe innewohnt.

Für Stefanie wiederum zieht sich die Berg- und Talfahrt trotz ihres ersten großen Erfolgsmomentes in der elften Folge weiter durch. Sie bekommt hier zwar ihren ersten Job, den Dreh für den *Opel*-Werbespot, doch schon beim Fotoshooting wie auch beim Entscheidungs-Walk gehört sie zu den schwächsten Kandidatinnen.[217] Ab der darauffolgenden Woche scheint es für sie dann aber nur noch bergauf zu gehen. Egal ob beim ‚Kinder-', ‚Cosmo-' oder ‚Rotes Schiff-Shooting', Stefanie zählt jedes Mal zu den Models, die die Juroren und Fotografen mit ihrer Leistung am meisten überzeugen (vgl. Abb. 2). Aus dieser unvergleichbaren Entwicklung, die Stefanie von Beginn an durchmacht, fällen die Juroren am Ende die Entscheidung, sie neben Jolina und Ivana ins Finale zu schicken.[218] Dort führen Stefanies Wandlung, die mehrfach von Heidi Klum und Co. betont wird („Die Stefanie vom Underdog wirklich zum strahlenden Topmodel", „Vom Girl Next Door zum Topmodel." [219]) ihre positive, charmante Ausstrahlung und ihre Persönlichkeit zum Sieg über die letzten beiden Konkurrentinnen.[220] Im Gegensatz zu Betty, die ihre Leistung ab einem gewissen Punkt in der Staffel konstant halten kann, bleibt Stefanie erst einmal noch unberechenbar. Obwohl sie mit viel Energie an das Shooting in der elften Folge herantritt, erfährt sie eine Niederlage. Sie fällt von ganz oben nach ganz unten, kann sich dann ab der darauffolgenden Woche gleichwohl so stabilisieren, dass sie sich unaufhaltsam an die Spitze vorarbeitet. Gemäß dem Konzept der Heldenreise wird sie auf ihrem angenommenen professionellen Höhepunkt wieder zum Anfang zurückgeworfen, sammelt dann aber noch einmal all ihre Kräfte und marschiert bis zum Sieg durch. In Ihren Höhen und Tiefen liegt so ein großes narratives Potenzial, weil der Rezipient nie genau weiß, ob ihre Motivation ihr bei Shootings und anderen Aufgaben zu einer entsprechenden Leistung verhilft oder ob sie doch scheitert. Aufgrund ihrer stark ausgeprägten Rollenzuschreibung der sympathischen Protagonisten wird der Adressat dabei dazu gebracht, mit Stefanie mitzufiebern.

Alles in allem wird in der Auseinandersetzung mit der Darstellung Bettys und Stefanies offenbar, dass im Gegensatz zu Jolina und Ivana meines Erachtens die Kategorie ‚Bewunderung und Nähe' durchweg Geltung besitzt. Das heißt nicht, dass der Zuschauer die beiden auch durchgängig bewundert, sondern dass die Redakteure die Figuren so angelegt haben, dass theoretisch durchgängig die Möglichkeit zur Bewunderung gegeben ist. Die Inszenierung von Betty und Stefanie ist also so eindeutig, dass sie in ihren Rollen als sympathische, liebenswerte Mädchen auf dem Weg zu erfolgreichen Models klar lesbar sind. Durch die erzeugte Nähe zum Adressaten, entfaltet sich in dem Gefühl von Vertrautheit ein entsprechend großes Potenzial der ‚nahen affirmativen Identifikation'.

Naives Blondchen und selbstverliebte Zicke

Um im Gegensatz zur Bewunderung in Nähe und Distanz in diesem Abschnitt ‚Abgrenzung und Distanz' zu untersuchen, möchte ich die Kandidatinnen Lisa Gelbrich (17) und Nathalie Volk (16) in den Fokus rücken. Anders als Lisa, die die Show schon in Folge acht verlassen muss, wird Nathalie zusammen mit zwei weiteren Models Vierte. Ähnlich wie bei Betty und Stefanie spielt auch hier die Persönlichkeit außerhalb des professionellen Kontextes eine große Rolle, wenn auch aus anderen Gründen. Der Inszenierung Bettys und Stefanies als Sympathieträger, die in erster Linie auf affirmative Identifikation gerichtet ist, steht die Darstellung Lisas und Nathalies als speziellen Figuren gegenüber, deren Art vor allem negative Identifikation und Abgrenzung evoziert. Wie sich in der Analyse zeigen wird, ist Lisa in ihrer stereotypen Präsentation auf das Bild des ‚naiven Blondchens' festgelegt, Nathalie hingegen auf die ‚selbstverliebte Zicke'. Trotz ihres großen Willens bekommen weder Lisa noch Nathalie einen Job. Während sich die anderen von Folge zu Folge weiterentwickeln, scheitern Lisa und Nathalie irgendwann an ihrem unzureichenden Talent als Model.

Was machen die denn hier?

Sowohl Lisa als auch Nathalie fallen bereits beim Casting in der ersten Folge auf. Mit kurzen Hotpants, engem Trägertop und schwarzen mit Stacheln besetzten High-Heels kommt Lisa zu *Germany's Next Topmodel*. Ihre platinblonden Haare sind mit kaputten Extensions versehen, ihre roten langen Nägel gesplittert und ihr Gesicht stark geschminkt. Die junge Frau aus Thüringen macht eine Ausbildung zur Kosmetikerin. Weil das aber nicht ihr Traumjob ist, will sie nun in die Modelshow:

> „Ich will nicht so 'n Ottonormalverbraucherleben führen, sag ich mal. Und ich will einfach auf die großen Laufstegs [sic!]. Und ich will, dass alle auf mich hinaufblicken. Und mich halt besonders fühlen. Und ich möchte mich halt in Zeitschriften sehen, auf Bildern sehen, Fotos machen. Das, was mir Spaß macht. Und es war einfach schon immer mein Traum seitdem ich so klein war.“[221]

Nachdem sie sich ihre Extensions auf Anforderung Heidis herausnehmen lässt, schickt die Jury sie aufgrund ihres Gesichts und ihrer Figur eine Runde weiter.[222] Aber schon beim ersten Laufstegtraining wird deutlich, dass sie noch viel Arbeit vor sich hat.[223] Trotz ihrer großen Probleme auf dem Catwalk sind die Juroren weiterhin von ihr, ihrem ‚bildhübschen‘ Gesicht und ihrer speziellen Art überzeugt. Sie können bereits eine große Veränderung bei ihr erkennen und blicken gespannt auf ihre weitere Entwicklung.[224] Doch Lisas optische Verwandlung ist noch nicht abgeschlossen, schließlich fällt die Transformation ihres Typs beim ‚Umstyling‘ am massivsten aus. Unglücklich über die Vorstellung, kurze Haare zu haben, ringt sie sich erst nach langem Hin und Her dazu durch, sich auf die Veränderung ihrer Frisur einzulassen. Während Lisa ihrem neuen Haarschnitt kritisch gegenübersteht, spricht die Jury begeistert von ihrer Umwandlung, erkennt endlich ein ‚modernes, punkiges Fashion-Model‘ in ihr.[225] Ungeachtet ihres noch recht steifen Ganges, ist sich Heidi Klum sicher, dass Lisa bei *GNTM* eine ‚riesen Chance‘ hat.[226] In der Einführung Lisas wird dem Publikum zunächst eine junge Frau mit einem Stil gezeigt, der den Normen der Model-Castingshow nicht genügt. Die platinblonden Haare, das sehr Körper betonte Outfit sowie die langen roten Nägel und ihre einfache, grammatikalisch inkorrekte Ausdrucksweise, lassen sich im Klischee der ‚dummen Blondine‘ vereinen. Da sie sich zudem nicht wie gefordert auf dem Laufsteg bewegen kann, drängt sich die Frage auf, weswegen sie überhaupt in der Show ist. Die Figur Lisa, in deren Inszenierung der Fokus auf Eigenschaften und Verhaltensweisen liegt, die allgemein als wenig wünschenswert begriffen werden können, eröffnet dem Zuschauer die Möglichkeit, sich persönlich über sie zu erheben, sie abzuurteilen und sich über sie lustig zu machen. Indem die Juroren ihre optische Veränderung betonen, die eine weitere Entwicklung verspricht, legitimieren sie Lisas Platz innerhalb der Sendung.

Die Präsentation Nathalies im Rahmen des ersten Castings finde ich ähnlich mustergültig für ihre gesamte Inszenierung innerhalb der Staffel. Zu Britney Spears‘ *Work Bitch* ist Nathalie das erste Mal vor der Jury auf dem Laufsteg zu sehen. Immer wieder werden hier kurze Sequenzen eingeblendet, in denen sie einer anderen Kandidatin mehrfach wiederholt über ihre Modelerfahrungen in Mailand erzählt. Obwohl die Jury von ihrem Gesicht angetan ist,[227] schafft sie es erst als letzte Wackelkandidatin in die *Top 25*.[228] Während sie bei Shooting und Laufstegtraining im letzten Teil der Episode dann aber vor allem durch ihre übertriebene Mimik auffällt,[229] darf sie in der darauffolgende Sendung als ‚Last Face‘ die Fashion Show schließen.[230] Trotz ihrer Entwicklung und ihrer Überzeugung von sich selbst, wird Nathalie von Heidi Klum aufgrund ihres Gebarens als ‚künstlich, madamig und aufgesetzt‘ kritisiert.[231] Im Rahmen des ‚Sedcard Shootings‘ wird ihrer starken Selbstbezogenheit erneut narrativer Raum zugestanden. Hier ist sie so stark auf den Bildschirm fixiert, auf welchen die Fotos direkt von der Kamera übertragen werden, dass sie sich ständig davon ablenken lässt. Auf Thomas Hayos Frage hin, weswegen sie die ganze Zeit auf den Laptop schaue, bestätigt sie, wie gerne sie sich selbst sehe und wie wichtig es ihr sei, zu kontrollieren, ob sie alles richtig mache.[232] Dem Fernsehzuschauer wird von Beginn an eine junge Frau gezeigt, die egozentrisch und ehrgeizig ihre Ziele verfolgt: „Ich bin wie ich bin und ich weiß, was ich will. Ich weiß, wieso ich hier bin.“[233] Vor allem anhand ihrer Aussagen wird sie als selbstverliebt in Szene gesetzt. Es entsteht der Eindruck, dass sich all ihre Gedanken und Handlungen ausschließlich um sie selbst drehen. Bei allem was sie tut, scheint sie sich zu überlegen, welche Wirkung sie damit bei anderen erzielt, was nicht zuletzt in Rahmen des ‚Sedcard Shootings' zum Ausdruck gebracht wird. Weder Lisa noch Nathalie sind mit ihren Rollen so angelegt, dass sie Sympathien beim Rezipienten erwecken. Die Emotionalisierung des Fernsehzuschauers läuft hier eher auf die Ablehnung ihres Wesens hinaus. Anders als bei den zuvor behandelten Kandidatinnen geht es also weniger um den Vergleich und die affirmative Identifikation, als vielmehr um den Unterhaltungswert der beiden innerhalb des Formats, den schon ihre Einführung verspricht.

Wenn der unbedingte Wille an den Fähigkeiten scheitert

Obwohl Lisa und Nathalie *Germany's Next Topmodel* am Ende ohne Job verlassen müssen, mangelt es ihnen weder an Motivation noch an Wille oder Ehrgeiz. Eine ihrer Konkurrentin beschreibt etwa ihr Verhalten als beinahe verbissen: „Wir alle Mädels, wir haben alle Spaß dabei und Nathalie und Lisa nehmen meiner Meinung nach das ganze hier viel, viel zu ernst."[234] Ihr Wille und ihre Offenheit zur Verwandlung tragen Lisa über viele Runden hinweg. Die Juroren erkennen ihre Fortschritte, sehen wie viel Mühe sich sie gibt, müssen aber auch immer wieder einsehen, wie weit Lisa im Vergleich zu anderen Kandidatinnen hinterherhinkt. Aus Neugier wollen sie jedoch ungern auf ihre weitere Entwicklung verzichten.[235] In Folge acht reicht Lisas Wille jedoch nicht mehr aus. Ihre große Motivation, die auch Thomas Hayo würdigt, ändert nichts daran, dass sie hinsichtlich ihres Könnens an ihre Grenzen stößt. All ihr Diskutieren mit der Jury, weswegen sie sogar ihren Walk noch einmal wiederholen darf, hilft nichts – Lisa gehört angesichts mangelnder Leistung zu den Wackelkandidatinnen.[236] Trotzdem möchte sie unbedingt weiterhin dabei bleiben: „Es wäre sehr, sehr schlimm für mich, wenn ich heute gehen müsste, allgemein wenn ich gehen müsste."[237] Doch letzten Endes muss auch die Jury feststellen, dass Kampfgeist, unbedingter Wille und Tapferkeit bei *Germany's Next Topmodel* allein nicht ausreichen und die Tränen überströmte Lisa nach Hause schicken.[238] Da sie nicht in der Lage ist, die dem System *Germany's Next Topmodel* entsprechende Leistung zu erbringen, scheitert Lisa also trotz ihrer Beharrlichkeit. Sie bleibt jedoch länger in der Show, als zu Beginn erwartet, wobei sich hier die Frage stellt, aus welchen Gründen sie überhaupt so weit kommt. Andere Teilnehmerinnen, die im Gegensatz zu Lisa bei Shootings zu den Besten gehören oder sogar einen Job bekommen haben, müssen das Modelformat früher verlassen (vgl. Abb. 1, 2, 3). Die einzige Legitimation dafür findet sich in den Aussagen der Juroren, die immer wieder auf ihre optische Veränderung, die Neugier auf ihre weitere Entwicklung und kleine Momente des Erfolgs hinweisen.

Im Gegensatz zu Lisa bleibt Nathalies Entschlossenheit nicht gänzlich ohne Erfolg. Immerhin zählt sie aufgrund ihres Ehrgeizes bei insgesamt fünf Shootings zu den Spitzenreiterinnen (vgl. Abb. 2). Ihr großer Wille manifestiert sich dabei nicht nur in ihrem Verhalten, sondern auch in ihren Aussagen:

> „Ich bin wirklich ein sehr konzentrierter Mensch [...] Ich bin so ein ehrgeiziger Mensch. Ich glaube, ich bin von all den Mädchen, das Mädchen, das es am meisten will und deswegen konzentriere ich mich immer so auf die Sache und muss mein Ziel am Ende unbedingt schaffen."[239]

Folge	Ort	Edition	Wackelkandidatinnen	Ausgeschieden	Alter	Platzierung
1	Berlin / Singapur	Das Casting	*Top 25*			
2	Singapur / Los Angeles	Singapur	*Top 18*			
3	Los Angeles	Umstyling	Stefanie, Laura, Emma, Jana	Laura	19	18
4	Los Angeles	Body	Emma, Jolina, Stefanie, Nancy, Sarah	Emma	16	17
5	Los Angeles	Boys	Lisa, Samantha, Antonia	Antonia	16	16
6	Los Angeles	Transformation	Simona, Sarah, Jana	Simona	17	14
				Jana	19	
7	Los Angeles	Extreme	Sainabou, Sarah, Aminata	Sainabou	16	13
8	Utah / Los Angeles	Road Trip	Lisa, Karlin, Sarah	Lisa	16	12
9	Los Angeles	Emotion	Nancy, Sarah, Samantha	-		
10	Berlin / Los Angeles	Fashion Week	-	Sarah	16	11
11	Los Angeles	Sexy	Anna, Samantha	Samantha	17	10
				Anna (freiwillig gegangen)	17	9
12	Los Angeles	Girls	-	-		
13	Los Angeles	Real World	-	Nancy	21	7
				Karlin	17	
14	Los Angeles	Halbfinale	-	Betty	18	4
				Aminata	18	
				Nathalie	16	
15	Köln	Finale	-	Ivana	18	3
				Jolina	16	2
				Stefanie	17	1

ABB. 3: ENTSCHEIDUNGEN DER 9. STAFFEL

Während andere Kandidatinnen gegenüber den ihnen gestellten Aufgaben Selbstzweifel oder Sorgen bekunden, äußert sich Nathalie meist motiviert und energiegeladen: „Auf das Spider Shooting hatte ich richtig Bock drauf. Ich geb immer 110%. Ich geb immer Power.“[240] Sie kann mit ihrem Engagement zwar Heidi Klum und Co. begeistern, eckt jedoch häufig bei ihren Konkurrentinnen an, die ihre Art als übertrieben bewerten.[241] Oft ist sie so übermotiviert und überzeugt von sich selbst, dass sie sich eigenwillig über die Empfehlungen der Jury hinwegsetzt, was jedoch weder bei Juroren noch bei Auftraggebern auf Zustimmung trifft.[242] Zu Beginn der Staffel werden Nathalies Ehrgeiz und Selbstbezogenheit durch das Feedback der Jury und ihr Weiterkommen in der Show belohnt, doch gegen Ende mündet ihr Ehrgeiz zunehmend in einer solchen Verbissenheit, dass sie sich irgendwann selbst im Weg steht. Eben dieses Verhalten führt laut Jury letztlich dazu, dass Nathalie nicht ins Finale kommt.[243] Gerade Ambition und der Wille, an sich selbst zu arbeiten, zählen, wie ich zu Beginn meines Essays herausgestellt habe, zu den Grundprinzipien von

Castingshows, die auf dem Versprechen basieren, dass Erfolg linear einhergeht mit Eigeninvestition. Sowohl Lisa als auch Nathalie sehe ich dem vorangegangenen Abschnitt gemäß als Paradebeispiele des Castingshow-Prinzips. Bei beiden Kandidatinnen zeigt sich jedoch ein Ungleichgewicht von unbedingtem Ehrgeiz und tatsächlicher Leistung. Während Lisa trotz ihres Willens relativ früh strauchelt, bringt Nathalies Entschlossenheit sie immerhin sechs Folgen weiter. Letztendlich scheitern aber beide an ihrem fehlenden Potenzial, wie sich an dieser Stelle zeigen wird.

Unterhaltungswerte anstelle von Talent

Während die Darstellung Nathalies erst gegen Ende der Staffel auf ein Anzweifeln ihres Model-Potenzials gerichtet ist, zeigen sich dem Zuschauer bei Lisa schon recht bald Schwierigkeiten. In Sendung fünf im Rahmen eines Videoclip-Drehs scheitert Lisa in einem so großen Maße an ihren mangelnden Fähigkeiten, dass den Juroren vor Lachen die Tränen in die Augen treten: „Das ist so schlecht, die kriegt 'nen Preis".[244] Trotz des fehlenden Potenzials, das auch ihre Konkurrentinnen erkennen, lässt die Jury sie weiter. [245] Spätestens in der achten Woche werden ihre Defizite jedoch so groß, dass die Jury nicht mehr wegschauen kann und sie die Show verlassen muss.[246]

Indem Nathalie anders als Lisa einige Male zu den besten Kandidatinnen von Shootings zählt, deutet sich an, dass Nathalies Fähigkeiten als Model zumindest über denen Lisas angesiedelt sind. Während die Jury noch bis kurz vor Schluss von ihr überzeugt ist, glaubt allerdings keiner der Kunden genug an sie, um sie zu buchen. Nur Juror Wolfgang Joop gibt Nathalie die Chance für sein Modelabel *Wunderkind* auf einer Fashion-Show in Paris für ihn zu arbeiten, zieht jedoch seine Buchung aufgrund ihres unprofessionellen Verhaltens während des Fittings wieder zurück.[247] Auch bei den Castings für die Berliner

Fashion Week trifft Nathalie ausschließlich auf Ablehnung, womit sie persönlich nur schwer zurechtkommt, sogar in Tränen ausbricht.[248] Im Hinblick auf ihren Ehrgeiz und ihre egozentrische Selbstverliebtheit, wie sie der Zuschauer von Beginn an zu sehen bekommt, fällt Nathalies Erfolglosigkeit umso stärker ins Gewicht. Denn anders etwa als bei Kandidatinnen wie Betty oder Stefanie, die in Berlin ebenfalls nicht gebucht werden, wird das Mitleid des Publikums für Nathalie unter anderem aufgrund ihrer abfälligen Bemerkung über die Castings und ihre Konkurrentinnen mit Jobbuchungen in Grenzen gehalten: „Neidisch bin ich nicht. Ich war an dem Tag nur nicht blond und blauäugig."[249] Indem sie jedoch häufig für ihre eigenwillige und überhebliche Art umgehend bestraft wird, wie etwa bei *Wunderkind*, können sich beim Rezipienten Gefühle von ausgleichender Gerechtigkeit und Schadenfreude einstellen, was dem Sehvergnügen durchaus zuträglich ist. Sowohl bei Lisa als auch bei Nathalie wird der zweitrangige Stellenwert von Talent innerhalb von Castingshows deutlich. In meiner Untersuchung wird klar, dass die beiden nicht wegen ihres Talentes in der Show sind, sondern wegen ihres Unterhaltungspotenzials: Nathalie in ihrer selbstverliebten, überheblichen Art und Lisa mit ihrem unbeholfenen, komischen Verhalten.

Einfach nur seltsam

Ähnlich wie bei Betty und Stefanie spielt auch bei Lisa und Nathalie das Verhalten außerhalb von Shootings und Co. eine große Rolle. Vor allem Entwicklung und Verlauf ihrer Freundschaft nehmen in Folge vier bis sieben viel Sendezeit in Anspruch. In der ‚Body Edition' wird die Freundschaft der beiden Kandidatinnen das erste Mal thematisiert.[250] Zunächst werden sie dem Zuschauer als eingeschworenes Team vermittelt. Doch schon bald treten die ersten Schwierigkeiten auf. Im Rahmen einer Shooting-Aufgabe äußert Nathalie Bedenken unter dem ‚dummen‘ Image Lisas leiden zu müssen, das sich fälschlicherweise auch auf sie übertragen könnte.[251] Im Gegensatz zu Lisa, die weiterhin den Stellenwert ihrer Freundschaft positiv hervorhebt, werden Nathalies Kommentare über ihre Freundin immer gehässiger.[252] Ihre Streitigkeiten gipfeln schließlich in Lisas Auszug aus dem gemeinsamen Zimmer in der siebten Woche.[253] Als Lisa in der achten Episode dann die Show verlassen muss, tröstet sie die weinende Nathalie.[254] Die inszenatorische Ausbreitung ihrer Freundschaft und Streitigkeiten bietet über das narrative Potenzial eines emotionalen ‚Auf und Abs‘ hinaus die Möglichkeit, die Figuren weiter auf die ‚selbstverliebte Zicke‘ und das ‚naive Blondchen‘ festzuschreiben. Denn während Lisa ganz unbedarft weiter an ihrer Freundschaft festzuhalten scheint, können Nathalies Äußerungen als hinterrücks und herablassend verstanden werden. Hierbei handelt es sich wahrscheinlich auch um einen der wenigen Augenblicke, in denen Lisa die Sympathien der Zuschauer zukommen und Nathalie einen Höhepunkt der Ablehnung erreicht.

Spätestens als sich die Handlung um Lisas Kleidungsstil dreht, wird die Möglichkeit der affirmativen Identifikation jedoch wieder aufgehoben. Als Heidi Klum in der sechsten Folge in die Modelvilla kommt um zu sehen, was die Mädchen in ihren Kleiderschränken haben und wie sie sich für Castings stylen würden, fällt vor allem Lisa wegen ihres speziellen Geschmacks negativ auf: der Rock ist zu kurz, der Ausschnitt zu tief und die Netzstrumpfhose zu viel. Lisa tue sich ihren Konkurrentinnen zufolge insgesamt schwer damit, sich sexy zu kleiden, ohne dabei ‚billig‘ zu wirken und sich mit ihrer neuen Frisur anzufreunden, immerhin verlängere sie ihr Haar weiterhin durch Clip-In Extensions.[255] An dieser Stelle wird deutlich, dass der Rezipient hier dazu eingeladen wird, sich über Lisa zu erheben, sie in ihrem Wesen zu verurteilen und sich über sie zu amüsieren. Die Auswahl der Kommentare von Kandidatinnen und Heidi ist klar darauf ausgerichtet, eine negative Zuschauermeinung von Lisa zu evozieren. Durch Szenen wie diese wird das Bild Lisas als ‚naiver Blondine' weiter verstärkt und dementsprechend auch die Frage, warum jemand wie sie überhaupt in der Show ist. Lisa wirkt so fehl am Platz, dass der Eindruck entsteht, jede andere junge Frau wäre besser geeignet als sie. Aber genau darin liegt eben auch ein Teil ihres Unterhaltungswertes begründet, der höchstwahrscheinlich Anteil daran hat, dass sie noch weitere zwei Episoden in der Show bleibt.

Nachdem Lisa *Germany's Next Topmodel* jedoch verlassen muss, wird Nathalie unter anderem auch aufgrund ihrer selbstgewählten Isolation von den anderen Mädchen als Einzelkämpferin präsentiert. Weinend erzählt sie, wie schwierig es für sie sei, jetzt niemanden mehr zu haben und dass sie schon zu Schulzeiten von ihren Mitschülern ‚fertig gemacht' worden wäre.[256] Die Schwierigkeiten unter den Mädchen werden nicht zuletzt bei den Entscheidungen durch das fehlende Interesse der Kandidatinnen an Nathalie deutlich:[257] „Keiner freut sich für sie, weil sie als Mensch für uns nicht so gut ist. Also sie schließt sich eher aus und es gibt immer wieder Geschichten, wo man merkt, dass sie echt nicht so 'ne tolle Person innerlich ist."[258] Insgesamt wird das Verhältnis zwischen den Fronten in einem steten Wechsel gezeigt. Auf Szenen, in denen sich ihre Mitstreiterinnen um Nathalie bemühen, wie etwa bei der Berliner *Fashion Week* als Nathalie stark mit ihrer Erfolglosigkeit zu kämpfen hat und von zwei anderen Teilnehmerinnen getröstet wird,[259] folgen wieder Konflikte.[260] Indem auch die Jury im Gespräch mit Nathalie während des Entscheidungs-Walks den Konflikt zwischen ihr und den anderen Aspirantinnen aufgreift,[261] entwickelt sich ein Eindruck von einer Allgegenwärtigkeit ihrer Differenzen. Wo Nathalie ist, scheint es im zwischenmenschlichen Bereich Querelen zu geben. Die Rolle, die ihr in der Staffel offenbar zukommt, ist die der ‚Oberzicke', die aufgrund ihrer komplizierten Persönlichkeit für Probleme, aber gleichermaßen für Aufmerksamkeit sorgt. Ein weiterer Aspekt, der zum Amüsement des Rezipienten beiträgt, ist Nathalies Verhältnis zu Wolfgang Joop, der bei allen Kandidatinnen sehr beliebt ist. Zu Beginn der elften Folge erzählt sie, dass sie ihn liebe und ihn sofort heiraten würde, wenn sie die Möglichkeit dazu bekäme.[262] Am Ende der selben Episode wiederum verleiht sie diesen Gefühlen Ausdruck, indem sie im Rahmen des Live-Walks sowohl Wolfgang Joop als auch Thomas Hayo auf den Mund küsst, worauf ihre Mitstreiterinnen geschockt bis abfällig reagieren:[263] „Keine Ahnung, was da in ihrem Kopf vorgeht. Sie hat halt auch schon gesagt, mir ist egal, was man über mich erzählt, so lang man über mich redet ist alles gut. Also für mich ist das einfach nur so 'n bisschen Attention Whore-mäßig."[264] Dem Zuschauer wird hier also nicht nur das Verhalten Nathalies aufgezeigt, er wird durch den Kommentar Ivanas auch gleich darauf hingewiesen, wie er das Ganze einzuordnen hat. Es werden hier von Produzentenseite aus keinerlei Möglichkeiten offengelassen, das Handeln Nathalies positiv zu bewerten.

Insgesamt erkenne ich in der Analyse Lisas und Nathalies als dramaturgischer Figuren im Vergleich zu den anderen Kandidatinnen einen starken Fokus auf der Generierung eines schlechten Eindrucks von beiden. Während vor allem bei Betty und Stefanie die Szenen so zugeschnitten werden, dass sie durchgängig sympathisch wirken, zielt die Materialauswahl bei Lisa und Nathalie genau in die entgegengesetzte Richtung. Zwar gibt es auch hier Szenen, in denen sie aus ihrer Funktion der negativen Identifikation herausfallen und der Zuschauer durchaus mit ihnen mitfühlen kann, aber diese Situationen sind vergleichsweise begrenzt, und fallen damit kaum ins Gewicht. Die Darstellung der beiden ist eindeutig auf die Wesensmerkmale gelenkt, die allgemein wenig bis gar keinen Anklag finden, so dass der Rezipient dazu bewegt wird, sich von ihnen abgrenzen zu wollen. In dieser Abgrenzung wiederum liegt der unverfängliche Unterhaltungswert begründet, der es dem Adressaten erlaubt, sich frei von Gewissensbissen an ihren Problemen zu ergötzen.

Worauf es bei Germany's Next Topmodel wirklich ankommt

Was lässt sich aus der eingehenden Auseinandersetzungen mit den verschiedenen Kandidatinnen der neunten Staffel der Modelcastingshow bisher für den weiteren Verlauf der Untersuchung folgern? Zunächst einmal können die drei Hauptgruppen von Figurtypen oder Rollenmustern bestätigt werden, denen ja jeweils eine andere persuasive Funktion hinsichtlich des Mikrokosmos *Germany's Next Topmodel* zukommt. Da die Produzenten von Reality-Formaten wie Castingshows, anders als die Macher von fiktionalen Formaten, keine erdachten Rollen mit professionellen Schauspielern besetzen können, müssen sie aus der Masse der Mädchen diejenigen herausfiltern, die am besten zu den für die entsprechende Staffel erarbeiteten Ideen passen, beziehungsweise diejenigen, die das größte narrative Potenzial hinsichtlich der zu erzählenden Geschichte ‚vom Mädchen zum Model' haben. Die Modelanwärterinnen mit ihren individuellen Verhaltensweisen, persönlichen Hintergründen und Veranlagungen zur Selbstinszenierung bilden somit die Basis, auf der die Redakteure bestimmte Figurentypen inszenieren. Da die Produzenten der Modelcastingshow vor allem junge Frauen als Hauptzielgruppe persuasiv zu beeinflussen versuchen, müssen die kommunikativen Strategien im Vordergrund stehen, die diese Zuschauer betreffen. Meine in diesem Zusammenhang erarbeiteten Kategorien ‚Bewunderung und Distanz', ‚Bewunderung und Nähe' sowie ‚Abgrenzung und Distanz' möchte ich, nun in ihrer Gültigkeit bestätigt, um drei aus der Untersuchung abgeleitete persuasive Funktionen ergänzen: Professionalität, Identifikation und Unterhaltung.

Die Funktion der **Professionalität** ordne ich der Kategorie ‚Bewunderung und Distanz' zu. Von der Beschäftigung mit der Darstellung Jolinas und Ivanas ausgehend, nehme ich an, dass hier von allen drei Bereichen das Modelpotenzial, was sowohl Aussehen als auch Fähigkeiten betrifft, den höchsten Stellenwert innehat. Schon von Beginn der Staffel an wird dem Zuschauer bei beiden Kandidatinnen ein großes Talent zum Modeln vor Augen geführt, das sich in ihren Leistungen bei Shootings, Fashion Shows und Castings sowie den zahlreichen Jobbuchungen manifestiert. Durch die inszenatorische Aufarbeitung ihrer Erfolge kann der Rezipient beobachten, wie erstrebenswert es ist, das Leben eines Models zu führen. Die Momente der Bewunderung können dabei als eine der Hauptattraktionen des Formates ausgemacht werden. Indem ihre Präsentation innerhalb der Modelcastingshow stark auf ihr Handeln in professionellen Kontexten fokussiert ist, sind sie als Stellvertreterinnen des erstrebenswerten Modelberufs der Inbegriff der Verheißung auf Professionalisierung, wie sie *Germany's Next Topmodel* zu bieten scheint. Dementsprechend hat ihre persuasive Funktion einen großen Anteil an der idealisierten Konstitution des Mikrokosmos *GNTM.*

Dem Bereich ‚Bewunderung und Nähe' wiederum teile ich die Funktion der **Identifikation** zu. Unter Identifikation verstehe ich hier nicht im Sinne Kepplers jegliche Art von Stellungnahme gegenüber der medialen Figur, sondern ausschließlich die positive oder auch affirmative Identifikation. Als einer der wichtigsten Aspekte der jugendlichen Identitätsarbeit neben dem Vergleich, wird die Identifikation durch die empfundene charakterliche wie äußerliche Ähnlichkeit von Figur und Adressat vereinfacht. Wie sich in meiner Analyse gezeigt hat, sind die Voraussetzungen hier also ein Charakter und ein äußeres Erscheinungsbild, welche von einer möglichst breiten Masse als positiv bewertet und dem Selbst möglichst ähnlich empfunden werden. Bereits von Beginn an stark ausgeprägte Fähigkeiten als Model sind eher hinderlich, weil die Kandidatinnen durch einen zu hohen Grad an Professionalität zu weit von der ‚normalen' jungen Frau vor dem Fernseher entfernt wären. Viel eher bedarf es Teilnehmerinnen wie Betty und Stefanie aus der Mitte der Rezipientinnen, die wenig bis gar keine Erfahrungen als Models mitbringen, jedoch ein großes Maß an Entwicklungspotenzial haben. Ergo können sie als idealisierte Anschlussfiguren den Fernsehzuschauer auf dem Weg ‚vom Mädchen zum Model' mitnehmen und ihm so einen möglichen virtuellen Zugang zum Mikrokosmos *Germany's Next Topmodel* gewähren.

In der dritten Gruppe ‚Abgrenzung und Distanz' mache ich demgegenüber vor allem den Aspekt der **Unterhaltung** aus. Hier können Lisa und Nathalie als diejenigen Modelanwärterinnen herausgestellt werden, die zwar nur ein unzureichendes Talent als Model haben, dafür aber umso größeren Unterhaltungswert aufgrund ihrer außergewöhnlichen Persönlichkeiten und Verhaltensweisen besitzen. Wie ich festgestellt habe, sind sie in ihrer stereotypen, polarisierenden Inszenierung hauptsächlich so angelegt, dass der Zuschauer sie in ihrem Verhalten ablehnen und sich über sie lustig machen kann. Durch die wiederholte Option, sich persönlich über die beiden Kandidatinnen zu stellen, werden dem Motto ‚wenn selbst die dabei sein kann, dann kann ich das auch' gemäß die Zugangsbedingungen für den Mikrokosmos *GNTM* gesenkt. Jede Rezipientin kann sich somit der Träumerei hingeben, selbst potenzielle Teilnehmerin einer weiteren Staffel zu sein. Der Eintritt in das außergewöhnliche Umfeld der Modelcastingshow wird so vordergründig einer noch größeren Masse ermöglicht.

Wie aber werden die Kandidatinnen in *GNTM* in ihrer funktionalen Gesamtwirkung genutzt, um einen ganzen Mikrokosmos zu erschaffen, der den vornehmlich jungen Rezipientinnen eine beeindruckende Umgebung in Aussicht stellt, an der sie zumindest in Form permanenter medialer Partizipation Anteil haben können? Hierzu möchte ich drei prototypische Bereiche der Entwicklungs- und Identitätsarbeit junger Mädchen mit den dazugehörigen Orientierungsangeboten der Modelsendung zusammenführen. Denn im Sinne Staubers bieten Shows wie *Germany's Next Topmodel* adoleszenten Rezipienten schließlich eine symbolische Antwort auf die jugendtypischen und gesellschaftlich verankerten Probleme der Orientierungslosigkeit.[265] Wo Jugendliche sonst versuchen herauszufinden, wie sie sich selbst in unterschiedlichen Situationen präsentieren müssen, um Anerkennung zu erfahren, werden bei *Germany's Next Topmodel*, Stauber zufolge, klare Verhaltensregeln dargestellt. Die Show suggeriere ein eindeutiges Frauenbild. Hier zählen ideale Körpermaße, ein bestimmtes Styling von Kleidung, Makeup und Haaren sowie ein Kanon an Verhaltensrichtlinien bei Shootings, Castings und auf dem Laufsteg.[266] Vor eben diesem Hintergrund möchte ich aufzeigen, welche Themenkomplexe aus der Lebenswelt der Rezipientinnen von typischen Elementen des Mikrokosmos *GNTM* im Hinblick auf die Adressatenbindung angesprochen werden.

5. Die Faszination junger Frauen an *Germany's Next Topmodel*

Traumhaft schön durch GNTM

Einer der wichtigsten Aspekte, der zugleich die größten Probleme in der Pubertät mit sich bringt, ist der heranwachsende Körper im sexuellen Reifeprozess. Die Wahrnehmung der eigenen Körperlichkeit trifft gemäß Flaake und King hier in krasser Weise auf verfestigte kulturelle Geschlechterrollenvorgaben, die gerade die Entwicklung junger Mädchen auf Schönheit und Schlanksein festlegen.[267] Ein ganzer Industriezweig, der einzig der Optimierung und Maximierung menschlicher Attraktivität dient, bietet Gestaltungsmittel zur Modellierung physischer Schönheit und definiert die Idealgestalt des menschlichen Körpers, die zum Maßstab für Attraktivität geworden ist.[268] Das Körperbild, das sowohl über die eigene als auch über Fremdwahrnehmung generiert wird, ist geschlechtsdifferent geprägt. Vor allem junge Frauen scheinen Lucas Ansicht nach Körper und Aussehen als ‚Kapital' zu verstehen, welches dazu dient, männlichen Bedürfnissen zu entsprechen. Weiblichkeit wird so in erster Linie über Körperlichkeit, Attraktivität und Begehrtwerden hergestellt.[269] Indem attraktive Menschen allgemein als beliebter, erfolgreicher und anziehender angesehen werden und die Rolle körperlicher Schönheit eine dementsprechend wichtige Bedeutung bei Jugendlichen hat, kann mit Fend der hohe Stellenwert der Arbeit am eigenen Körper durch Gewichtsoptimierung und Styling erklärt werden.[270] Die physische Erscheinung wird so zum Statussymbol, das die Sättigung narzisstischer Bedürfnisse in einem von Unsicherheiten geprägten Lebensabschnitt verspricht.

Germany's Next Topmodel befriedigt in der starken Thematisierung physischer Attraktivität das jugendliche Bedürfnis nach einer

Auseinandersetzung mit Körper und Schönheit. Durch die Reproduktion eindeutiger Geschlechterklischees bietet die Modelshow im Chaos der jugendlichen Identitätssuche klare Vorgaben, was Körper, Kleidung, Habitus und Sprache betrifft. Bei all den angebotenen Möglichkeiten zur Selbstoptimierung und dem steigenden Druck durch sehr spezifische Schönheitsideale, weist das Format jungen Frauen einen Weg. Der jugendlichen Rezipientin wird hier eine optisch homogene Gruppe an Kandidatinnen präsentiert. All die Anwärterinnen, die nicht den gängigen Idealen entsprechen, fallen schon im Auswahlprozess durch. Die Teilnehmerinnen, die schließlich weiterkommen, unterscheiden sich zwar in Haut-, Haar- oder Augenfarbe, sind ansonsten aber ähnlich dünn, groß und schön. Innerhalb der Sendung haben sie dann wiederum die Chance, mit Hilfe von Branchenprofis an ihrem Aussehen und Auftreten zu arbeiten und bekommen dank der Werbegeschenke von Kosmetikmarken wie *Maybelline* oder *Gillette Venus* die nötigen Werkzeuge dazu. Dementsprechend wird hier also ein Unterhaltungswert geboten, der ein primär ästhetischer ist. Schon die Studie von Götz und Gather macht ‚das Sehen schöner Menschen' als einen der wichtigsten Rezeptionsgründe Jugendlicher von *Germany's Next Topmodel* aus.[271]

Indem sich die jungen Fernsehzuschauerinnen darüber hinaus in eine parasoziale Beziehung mit den Kandidatinnen begeben können, die sie wegen ihrer Schönheit bewundern oder aufgrund ihrer mangelnden Attraktivität ablehnen, und sich am nächsten Tag mit Peers über den Grad der Attraktivität der Teilnehmerinnen austauschen, manifestiert sich eine weitere Möglichkeit der Identitätsarbeit. Gerade Modelanwärterinnen, die wie etwa Stefanie und Betty in ihrer Inszenierung zu affirmativer Identifikation oder zum Vergleich einladen, eröffnen in diesem Sinne ein großes Potenzial der jugendlichen Identitätsarbeit im Kontext idealisierter Schönheitsmodelle. Hier kann sich die Zuschauerin der Vorstellung der ‚perfekten Schönheit' hingeben.

So bekommen die Modelanwärterinnen in der Sendung beispielsweise die Chance, Kleider zu tragen von denen sie sonst nur ‚träumen können'. Beim Entscheidungs-Walk der zwölften Folge, in der die Kandidatinnen *Haute Couture*-Kleider auf dem Catwalk präsentieren, bestätigt Betty: „Ich finde das Kleid mega cool. Ich wollt immer schon so'n Kleid anhaben." Auch Heidi Klum ist sich sicher: „Also das ist doch wirklich ein Mädchentraum. Oder? So ein Kleid tragen zu dürfen."[272] Das Mädchen vor dem Fernsehapparat kann sich durch die Identifikation mit Betty auf das Gefühl der Besonderung einlassen, das Kleider wie dieses versprechen. Während Betty hinter der Bühne noch als junge Frau zu sehen ist, die von der Schönheit des Kleides schwärmt, ist sie auf dem Laufsteg das formvollendete Model, das von der Jury nur Lob zu hören bekommt.[273] Äußerliche Schönheit wird an dieser Stelle also zu einem erstrebenswerten Gut, das durch optische Optimierung zu erreichen ist. Diese Schönheit verspricht Bewunderung und ein Gefühl von Glück und wird durch die Modelsendung in einer unvergleichbaren Weise überhaupt erst möglich gemacht. Die Entfaltung des eigenen Potenzials an Attraktivität mithilfe von *Germany's Next Topmodel* findet unter anderem im Finale noch einmal ganz besondere Erwähnung. Dialoge wie

> Heidi Klum: „Meine wunderschönen Mädchen. Hier steht ihr. Ihr habt es euch echt verdient. Drei wunderschöne Finalistinnen. [...] heute strahlst du von einem Ohr zum anderen." (zu Ivana)
>
> Ivana: „Ich finde das muss man auch, wenn man so tolle Outfits anhat. Ich fühle mich so schön." (strahlend)
>
> Heidi Klum: „Du siehst auch wirklich schön aus. Du siehst wirklich schön aus. Ihr seht alle wunderschön aus."
>
> Stefanie: „[...] das ist der schönste Moment."[274]

sehe ich als Paradebeispiele für die Bewunderung von Schönheit innerhalb der Sendung. Attraktivität erscheint hier erneut als Schlüssel zu persönlichem Glück, schließlich haben sich die drei Modelanwärterinnen ihren Platz im Finale und somit den ‚schönsten Moment' unter anderem aufgrund ihrer Schönheit gesichert. Die Macher der Sendung lassen in der Inszenierung der Finalsendung durch die gestellten Aufgaben, die Kameraführung und die Dialoge keinen Zweifel daran, wie erstrebenswert und erfüllend es ist, aufgrund äußerlicher Attraktivität von den Massen bewundert zu werden. Das Erreichen des Finales mit der Kür der Gewinnerin als letztem Höhepunkt wird hier als ultimatives Lebensziel präsentiert.

Bei *Germany's Next Topmodel* haben die Kandidatinnen aber nicht nur die Möglichkeit, Wertschätzung aufgrund ihrer Schönheit zu erlangen, sondern ebenso die Chance, ihre physische Attraktivität weiter zu steigern. Die drei Finalistinnen müssen zum Beispiel als Teil einer Aufgabe ein eigenes Outfit entwerfen. Stefanie entscheidet sich für einen Body, der den Blick auf ihre Narbe am Bauch als sichtbares Zeichen ihrer Krankheitsgeschichte freigibt:

> „Mein Bauch beziehungsweise meine Narbe, die ist frei und total sichtbar. Am Anfang hab' ich so zu kämpfen gehabt mit meiner Narbe. Ich habe mich geschämt und dachte, ‚hey, kann ich so überhaupt zu *Germany's Next Topmodel*, weil da muss man ja schön aussehen.' Aber immer mehr hab' ich einfach gelernt, damit zu leben und es macht mich vielleicht noch schöner."[275]

Aussagen wie dieser wohnt ein großes dramaturgisches Potenzial inne, weil sie nicht nur die Entwicklung Stefanies innerhalb der Show als durchweg positiv manifestieren, sondern vielen Mädchen vor dem Fernseher Hoffnung schenken, die selbst mit ihren körperlichen Makeln zu kämpfen haben. An Stefanie wird der Weg vom ‚hässlichen Entlein zum schönen Schwan' aufgezeigt, den die Show ihr in vollem Umfang überhaupt erst zu erlauben scheint. Hierdurch wird einerseits *Germany's Next Topmodel* als ‚Heilsbringer' junger unsicherer Frauen präsentiert und andererseits einer großen Masse an Rezipientinnen wiederum suggeriert, dass sie vielleicht doch auch Chancen hätten, an der Castingshow erfolgreich teilzunehmen.

Im dramaturgischen Aufbau der neunten Staffel sind neben der reinen Thematisierung des als schön bewerteten schlanken Körpers auch Verhaltenshinweise zu finden. Egal ob beim anfänglichen Casting für das Fitness-Magazin *Shape* oder beim Entscheidungs-Walk in hautengen goldenen Bodysuits,[276] in der sogenannten ‚Body Edition' steht der Körper klar im Fokus. Hier kann der Zuschauer unter anderem beobachten, wie Heidi Klum und Fitnesstrainerin Natasha Kufa die Mädchen in der Zubereitung eines gesunden Burgers unterweisen. Im Anschluss daran steht eine Stunde Workout im Garten der Modelvilla zusammen mit Heidi an, angeleitet von Natasha. Die Nachwuchsmodels sollen laut Heidi lernen, was gut für sie sei und wie wichtig es für den Job des Models ist, die eigenen Ausreden zu überwinden und zu trainieren, um einen ‚tollen Body' zu haben, weil man sich einfach besser fühle.[277] In der entspannten Inszenierung des gemeinsamen Kochens und Essens sowie Heidis Aussage, auch Süßigkeiten seien den Modelanwärterinnen erlaubt, wird der Eindruck erzeugt, es bedürfe lediglich gesunder Ernährung und etwas Sport, um Model werden zu können. Der offenbar leicht zu erreichende ‚tolle Body' wird hier nicht nur als ein Instrument des persönlichen Wohlbefindens vermittelt, sondern erneut auch als Schlüssel zum Erfolg.

Die Rezeption von *Germany's Next Topmodel* verspricht der Zuschauerin also nicht nur die Option, einer Auseinandersetzung mit dem jugendtypischen Interesse an äußerlicher Attraktivität, sonder erhöht darüber hinaus deren Stellenwert und weißt zugleich aber auch einen konkreten Weg zu dieser auf. Im Sinne des Modelllernens kann die jugendliche Rezipientin den Entwicklungsprozess der Kandidatinnen als Anschlussfiguren vor dem Fernseher verfolgen und so Schlüsse für die eigene Identitätskonstruktion ziehen.

Jugendliche Selbstinszenierung in einem erstrebenswerten Umfeld

Die Anerkennung und Bewunderung einer möglichst großen Zuschauerschaft ist eine der wichtigsten Motivationen, an einer Castingshow teilzunehmen. Sich selbst zu spüren und gleichzeitig bei anderen eine Wirkung zu hinterlassen, bleibt normalerweise auf das direkte Umfeld beschränkt. Im Rahmen der Castingformate hingegen stellt sich das willige Individuum in seiner Selbstinszenierung einer breiten Masse. Getragen wird es dabei von der Hoffnung, das Publikum von der Idealvorstellung der eigenen Person zu überzeugen und durch positive Rückmeldungen das Selbstbewusstsein zu stärken. Bei den Fotoshootings und Fashionshows innerhalb der Modelsendung können sich die Kandidatinnen demzufolge in einem als professionell anmutenden Setting ihrer eigenen Kompetenzen versichern und ihr Selbstkonzept von Jury, Kunden und Zuschauern verifizieren lassen. Die dort entstandenen Fotos sind Götz und Gather zufolge Symbole für die Wertschätzung von Selbstinszenierung und damit auch von Identität.[278] In ihrer Selbstinszenierung finden die Modelanwärterinnen dabei Belohnung durch Jobbuchungen, dem Erreichen der nächsten Runde und letztlich dem Gewinn des Titels *Germany's Next Topmodel.* Bestrafung hingegen erfahren sie durch das Wackeln am Ende einer jeden Folge oder das gänzliche Ausscheiden aus der Show. Die Würdigung der Kandidatinnen, die sich während eines Shootings am besten selbstinszenieren, erfolgt häufig umgehend, in dem die Jury sie entweder direkt in die nächste Runde weiterlässt oder sie mit Preisen belohnt werden. Der Zuschauer kann in der Rezeption der Castingshow beobachten, welche Form der Selbstinszenierung Erfolg und welche Scheitern nach sich zieht. So gehören beispielsweise Nathalie und Ivana beim ‚Spider Shooting' in Episode sechs zu den erfolgreichen Kandidatinnen, die für die Entscheidung ‚gesaved' werden.[279]

Beide Teilnehmerinnen können an dieser Stelle dementsprechend als ideale Vorbilder inszenatorischer Fähigkeiten verstanden werden. Ganz im Gegenteil zum ‚Rotes Schiff Shooting' in der 14. Folge, wo Ivana erneut zu den Besten zählt, Nathalie jedoch zu den Schlechtesten (vgl. Abb. 2). Während Ivana mit dem Einzug ins Finale belohnt wird, muss Nathalie die Sendung verlassen.[280]

Insgesamt wird Selbstinszenierung als jugendkulturelle Handlungspraxis laut Stauber auf eine neue Ebene gehoben. Durch den Zutritt zu einer „Welt des Glamours, der Mode, der *Celebrity*" wird den Teilnehmerinnen dank *Germany's Next Topmodel* der Genuss der medialen Aufmerksamkeit und die Erfahrung von Selbstwirksamkeit zugestanden. Die Darstellung der eigenen Person hat also auch hier zunächst den Zweck eines Zugewinns an „Handlungsfähigkeit, Zugehörigkeit und Sinn" mit dem zusätzlichen Anreiz einer neuen Lebensperspektive:[281]

> „Der Ernst-Charakter, den die Show durch die Verheißung einer realen beruflichen Karriere hat, unterstreicht noch den Reiz [der] Bewährung. Eine Suche nach klaren Vorgaben und Orientierungen kommt hier zum Vorschein. Sich an diesen Vorgaben abzuarbeiten scheint in der stylischen Verpackung der Modewelt umso leichter zu fallen."[282]

Gerade bei Ivana und Jolina mit ihren vielen Jobbuchungen wird der jugendlichen Rezipientin dieser Zugewinn für die Identität im erstrebenswerten Umfeld des Modelbusiness in besonderer Weise vor Augen geführt. Vor allem im Rahmen der Berliner *Fashion Week* wird der Alltag eines Models anhand der beiden in Szene gesetzt. Wie ich bereits im vorangegangenen Kapitel dargelegt habe, wird hier der Eindruck eines glamourösen, aufregenden Lebens vermittelt. Jolina, die als Einzige für das Label *Anja Gockel* gebucht wurde, kann hier als Stellvertreterin dieses Lifestyles verstanden werden. Während ihre Konkurrentinnen bereits auf dem Weg zurück nach Los Angeles sind, bleibt sie einen Tag länger um ihre letzte Modenschau zu laufen, bei welcher auch die ehemalige *Germany's Next Topmodel*-Kandidatin und Moderatorin Rebecca Mir dabei ist. Neben den Sequenzen von der Fashionshow selbst, werden Kommentare von Jolina eingeblendet, in denen sie beschreibt, wie viel Spaß ihr der Job als Model macht und das sie sich ein zukünftiges Leben in derselben Form wünscht.[283] Am nächsten Tag schon sitzt Jolina wieder in Los Angeles in der Maske um für das Wochen-Shooting geschminkt zu werden und resümiert, dass sie nun das ‚wirkliche Modelleben' kennenlernen durfte.[284] Gemäß dem Mythos der Selbstführung setzt die Show dem Erfüllen klarer Richtlinien den Erfolg als Ziel vor. Leistung wird entsprechend durch einen Zugewinn an Handlungsmöglichkeiten und Zugehörigkeit zur Riege der Prominenten belohnt, der sich unter anderem durch das Gespräch Jolinas mit Rebecca Mir zeigt. An dieser Stelle trägt die Inszenierung der beiden in zweifacher Weise zur idealisierten Konstitution der Modelsendung bei. *Germany's Next Topmodel* eröffnet offenbar nicht nur, wie in Jolinas Fall, die Möglichkeiten, mit Prominenten zu interagieren, sondern ebenso, wie bei Rebecca zu sehen, den Zugewinn an Professionalität auch nach Ende der Show weiterhin zu halten. Hier suggerieren die Produzenten die Teilnahme bei *GNTM* als eindeutig erstrebenswert, was sowohl die Professionalisierung der Selbstinszenierung betrifft als auch die damit einhergehenden Vorteile für die jugendliche Identitätsarbeit.

Wer nicht selbst Teil der Show werden kann, weil er nicht die entsprechende körperliche Voraussetzung hat, kann sich über die Identifikation mit den bewunderten Kandidatinnen „auf Fantasien der Besonderung und Erhöhung einlassen"[285]. Indem junge Rezipientinnen den Blick auf die Teilnehmerinnen selbst und das Publikum haben (vor allem bei der Finalshow mit großem Livepublikum), sie sozusagen beim ‚Gesehen werden' beobachten, können sie Rückschlüsse für das eigene Verhalten der Selbstinszenierung ziehen. Denn was bei den von allen verehrten Models Erfolg bringt, ist auch im Alltag erfolgsversprechend. Das Angebot am Modell zu lernen erfolgt dabei in erster Linie über Kandidatinnen wie Stefanie, die großes Potenzial zur affirmativen Identifikation mit sich bringen. Bei ihrem ersten und einzigen Job beschreibt sie, welch ein Traum dieser Moment für sie sei und was für ein unglaubliches Gefühl es sein müsse, den Werbespot am Ende im Fernsehen zu sehen. Fertig umgezogen in einem körperbetonten Outfit freut sie sich auf die Chance, ‚mal ein ganz anderer Mensch' zu sein. Nach getaner Arbeit äußert sich der Regisseur begeistert von Stefanies Leistung.[286] Innerhalb dieser Sequenz wird der Zuschauerin also die Gelegenheit ermöglicht, Stefanie mit ihrem unbeständigen Weg an die Spitze bei ihrem ersten Job zu beobachten und sie in der Entwicklung ihrer Selbstinszenierung durch die Jobbuchung belohnt zu sehen. Darüber hinaus kann die Rezipientin auch über den Weg der Identifikation in der Imagination aufgehen, wie es wohl wäre, an Stefanies Stelle bewundert und bestätigt zu werden. Gerade durch ihre vielen Kommentare, in denen sie ausführlich ihre Gedanken beschreibt, und die Reaktion des Regisseurs, wird der Rezipientin eine Vielzahl persönlicher Anknüpfungspunkte geboten.

Es wird deutlich, wie die Macher von *Germany's Next Topmodel* mit Hilfe der Darstellung der Modelanwärterinnen in ihren unterschiedlichen Funktionen die Sendung als erstrebenswerte Plattform der jugendlichen Selbstinszenierung präsentieren. Durch die Nähe von Kandidatinnen und Fernsehzuschauerinnen eröffnen sich diverse Optionen für Identifikation oder Vergleich. So kann das junge Mädchen am TV-Gerät ihre Träume und Sehnsüchte bezüglich der Selbstinszenierung auf die Teilnehmerinnen projizieren oder lernen, welche Form der Selbstinszenierung Anerkennung in Aussicht stellt.

Glamour, Luxus und Reisen: Die Idealisierung des Model-Lifestyles

Ein weiterer wichtiger Punkt, der *Germany's Next Topmodel* als Format für viele Jugendliche interessant macht, ist die Idealisierung des Modelberufs mit dazugehörigem Lifestyle und Reisen „in aufregende Städte, Orte und Locations"[287]. Der Reiz an Abenteuern und Erlebnissen liegt Ludes zufolge in der nachindustriellen ‚Erlebnisgesellschaft' begründet, die sich an einen Anspruch der immediaten Befriedigung von Bedürfnissen gewöhnt hat und Investition an schnellstmöglichen Erfolg koppelt. Die Erfüllung von Pflichten, Verantwortung und Leistung ist demnach der Gier nach Erlebnissen, Abwechslung und Selbstverwirklichung gewichen. Konsum, Kommunikation und das lockere Verlangen nach Besonderheit und Unterhaltung dienen der Vermeidung von Langerweile.[288] Eben hier setzt die Modelshow mit den immer neuen Herausforderungen bei Fotoshootings und Live-Walks, den Reisen um den Globus, dem Wohnen in noblen Unterkünften und dem Einblick in die Welt der Prominenz an.

Gerade bei den Wochen-Shootings müssen sich die Kandidatinnen Herausforderungen stellen, wie etwa ihrer Angst vor Schlangen beim ‚Schlangen Shooting', ihrer Akrophobie beim ‚Ballon Shooting' oder der extremen Kälte beim ‚Indianer Shooting'. Vor allem Stefanie als eine der anfänglich sehr unsicheren Kandidatinnen wird, wie ich bereits dargelegt habe, häufig in ihrer Überwindung von Schwierigkeiten im Rahmen der Shootings gezeigt. Das Hinauswachsen über die eigenen Vorbehalte gilt dabei dem System der Show entsprechend als eine der wichtigsten Aufgaben in der Entwicklung, an deren Ende das Versprechen auf Erfolg steht. Eine der Belohnungen, die auf das Erbringen von Leistung folgt, ist das Reisen an die verschiedensten Orte. Nur wer in die nächste Runde kommt, darf mit nach Singapur, Los Angeles, Utah und Berlin. Wer wie Jolina und Ivana die entsprechenden Jobs hat, darf darüber hinaus sogar noch nach Indien, Paris oder New York City (vgl. Abb. 1). Die beiden werden also entsprechend ihrer Fähigkeiten durch zusätzliche Reisen belohnt. Aufgrund ihrer Erfolge als Models fungieren sie somit am ehesten als Stellvertreterinnen des Model-Lifestyles, anhand derer die Zuschauerinnen sich auf den Wunschtraum eines *Jet Set*-Lebens einlassen können.

Auch die Villa, in welcher die Modelanwärterinnen während ihrer Zeit in Los Angeles wohnen, hat Anteil an der Anziehungskraft des Lebens bei *Germany's Next Topmodel*. Schon in der zweiten Folge dürfen die Teilnehmerinnen, die den Anforderungen der Jury nachkommen, dort einziehen. Zusammen mit den Mädchen, kann die Rezipientin die Villa mit den präparierten Geschenken wie Makeup, Rasierern und mit Bildern der Teilnehmerinnen bedruckten Kissen, virtuelle erkunden.[289] Um in solch einen Lebensstil überzuwechseln, bedarf es normalerweise eines langen Weges harter Arbeit. *GNTM* hingegen lässt den Traum innerhalb kürzester Zeit mit relativ niedrigem Aufwand wahr werden. So gewinnt Betty beispielsweise eine Fahrt mit einem *Hummer* durch Los Angeles zu einer Schoko-Massage. Durch die Folie ihrer Lebensgeschichte als junger Frau aus den bescheidenen Verhältnissen eines Kinderheims, bekommt die Sequenz eine besondere dramaturgische Wirksamkeit.[290] Stefanie wiederum gewinnt in der achten Episode einen Helikopter-Rundflug über den Grand Canyon. Während sie aus der Luft die Landschaft bewundert, bringt Stefanie ihre Dankbarkeit zum Ausdruck:

> „Allmählich denke ich mir einfach, womit hab ich das Alles nur verdient? Das ist so toll. So ein schönes Leben wie bei *Germany's Next Topmodel* hatte ich echt noch nie. [...] Wenn ich nicht so viel gekämpft hätte um mich selbst, dann wäre ich ja jetzt nicht hier!“[291]

Ihre Äußerungen werden dabei untermalt von wiederholten Landschaftseinstellungen, einem Rückblick auf die Erzählung ihrer Krankheitsgeschichte in Sendung zwei und das im Hintergrund laufende melancholische Lied *Strong* von *London Grammar*.[292] Hier instrumentalisieren die Redakteure erneut die intimen Erfahrungen der Protagonistin, um die Chancen, die bei *Germany's Next Topmodel* geboten werden, noch stärker hervorzuheben. Durch die in dieser Sequenz erzeugte Nähe zum Publikum werden die Identifikation und somit auch das Mitfühlen mit Stefanie erleichtert. An der Modelshow teilnehmen zu dürfen wird hier als ultimative Belohnung für die erbrachten Anstrengungen Stefanies präsentiert, die prinzipiell jedem offen zu stehen scheint. Die idealisierte Darstellung des Model-Lifestyles bei *Germany's Next Topmodel* eröffnet Kandidatinnen und Rezipientinnen eine mögliche Lebensperspektive. Anhand der Inszenierung der Modelanwärterinnen erschließen die Produzenten den Zuschauerinnen einen virtuellen Zugang zu einer eindrucksvollen Welt, die Abenteuer, Luxus und Reisen verspricht. Das ist nicht nur spannend für die Teilnehmerinnen, die ihren Traum innerhalb der Sendung leben, sondern auch für die Zuschauerinnen vor dem Fernseher, die parasozial daran teilhaben können, und darüber hinaus auch einen möglichen Weg aufgezeigt bekommen, wie sie ihre eigenen Wünsche erreichen. *ProSieben* gelingt so mit *GNTM*, was wenig andere Castingformate schaffen: die Hauptzielgruppe über ein ganzes Jahrzehnt hinaus vor dem Fernseher zu halten.

Zwischen Erfolg und Moral

Ich möchte zum Abschluss noch einmal all meine Ergebnisse hier zusammenführen, um meine Position zu manifestieren. In der Zielführung habe ich meine Arbeit darauf ausgerichtet, herauszufinden, inwieweit die Produzenten *Germany's Next Topmodel* und insbesondere die Kandidatinnen so gestalten, dass vor allem junge Frauen davon überzeugt werden, das Format vor dem Fernseher zu verfolgen oder gar selbst als Kandidatin an der Show teilzuhaben. Meine Grundannahme, dass vor allem die besondere Beziehung zwischen Zuschauerinnen und Teilnehmerinnen es den Machern ermöglicht, sich der Modelanwärterinnen in ihrer divergenten Inszenierung zu bedienen, um *Germany's Next Topmodel* als imponierende Welt darzustellen, sehe ich in meiner Analyse bestätigt. Die operierenden Instanzen hinter dem Castingformat setzen in der Begeisterung junger Frauen jedoch nicht nur auf die Darstellung beeindruckender Medienfiguren, sondern darüber hinaus vor allem auf die Verheißung, möglicherweise selbst Teil dieser medialen Öffentlichkeit zu werden und gleichermaßen via Castingshow-Rezeption überhaupt erst zu lernen, was dafür notwendig ist. Indem *ProSieben* ihnen ein identifikatorisches Orientierungsangebot auf Grundlage der parasozialen Nähe von Teilnehmerinnen und Rezipientinnen zugänglich macht, erreichen sie die jungen Zuschauerinnen direkt. Denn *Germany's Next Topmodel* bietet im Sinne des ‚*Uses-and-Gratifications-Ansatzes*' nicht nur Unterhaltung sowie die Verstärkung realer Beziehungen durch Anschlusskommunikation, sondern darüber hinaus Verhaltensrichtlinien für den Alltag und Ansätze für die Rezipientinnen, sich über die Identifikation oder den Vergleich mit den angehenden Models zu reflektieren und besser verstehen zu lernen. Ihnen wird durch die Idealisierung des Model-Startums und der Hervorhebung der ausschließlich positiven Aspekte der dargestellten Model-Welt eine vermeintlich wünschenswerte Lebensperspektive aufgezeigt. Die Selbstinszenierung in diesem öffentlichen Umfeld, welches den narrativen Strukturen der Sendung folgend überaus bedeutungsvoll erscheint, soll jungen Mädchen in einer wichtigen Entwicklungsaufgabe, der Generierung einer persönlichen Identität, dabei einen willkommenen Rahmen bieten.

Das Konzept geht auf. Nicht zuletzt der ökonomische Erfolg bestätigt und bestärkt die Produzenten in ihrer erfolgreichen Aneignung und Umsetzung des Wissens um die entwicklungstypischen Bedürfnisse ihrer adoleszenten Hauptzielgruppe. Der Erfolg ist also offensichtlich, aber inwieweit agieren die Sendungsverantwortlichen auch moralisch? Immerhin sind Jugendliche in dem Stadium ihrer Entwicklung besonders anfällig für Verletzungen im Selbstwertgefühl. Doch das scheint *ProSieben* reichlich wenig zu interessieren. In der Tat muss man eigestehen, dass es sich bei *ProSieben* um ein wirtschaftliches Unternehmen handelt, dessen oberste Devise Gewinnmaximierung ist und kein Bildungsauftrag. Vor diesem Hintergrund erkenne ich in der perfekten Umsetzung entwicklungsrelevanter Themen manipulative Elemente, denen Jugendliche sich ohne gefestigte Identität kaum entziehen können. Hier müsste ein verantwortungsbewusster Umgang mit den oft noch minderjährigen Kandidatinnen und den vermittelten Inhalten stattfinden, der jedoch zugunsten des finanziellen Erfolgs fallen gelassen wird. Man darf mit Sicherheit nicht den Fehler machen, *Germany's Next Topmodel* allein für problematische Brüche in der adoleszenten Entwicklung verantwortlich zu machen. Es darf allerdings auch nicht vergessen werden, dass *GNTM* ein Phänomen unserer Zeit und somit als Platzhalter sowie als Katalysator für bestimmte gesellschaftliche Strömungen zu lesen ist. Wer also begreift, wie das Konzept *Germany's Next Topmodel* funktioniert, der ist meines Erachtens besser in der Lage, zu verstehen, wie unsere heutige, nach öffentlicher Aufmerksamkeit gierende Internet-

Erlebnis-Gesellschaft arbeitet und was passiert, wenn menschliche Werte hinter Oberflächlichkeiten verschwinden.

Anmerkungen

1. Das Bedürfnis nach öffentlicher Aufmerksamkeit und Schönheit

[1] GNTM 9, Folge 2 (2014): „Episode 2 – Singapur“. In: prosieben.de. 13.02.2014. http://www.prosieben.de [Abruf: 06.10.2016]. Hier 2/3: 04:39.

[2] Vgl. u.a. Augustiny, Jan (2015): „Das wurde aus Heidis Topmodels”. In: stern.de. 26.05.2015. http://www.stern.de [Abruf: 16.07.2016]; Sisto, Annalisa (k.A.): „Germany's Next Topmodel: Was wurde aus den ehemaligen Kandidatinnen?“ In: jolie.de. k.A. http://www.jolie.de [Abruf: 16.07.2016].

[3] Vgl. Grässer, Lars / Riffi, Aycha (2012): „»The (Casting-)Show Must Go On…« - Ein Fernsehformat in der Diskussion”. In: Daniel Hajok / Olaf Selig / Achim Hackenberg (Hgg.): „Auf Augenhöhe? Rezeption von Castingshows und Coachingsendungen.“. Konstanz. S. 17-32. Hier S. 21.

[4] Pörksen, Bernhard / Krischke, Wolfgang (2012): „Gesellschaft der Beachtungsexzess“. In: Daniel Hajok / Olaf Selig / Achim Hackenberg (Hgg.): „Auf Augenhöhe? Rezeption von Castingshows und Coachingsendungen.“. Konstanz. S. 57-70. Hier S. 63.

[5] Vgl. Statista (2015): „ProSieben – Statista-Dossier“. Hamburg. S. 20 & 28.

[6] Vgl. Piatscheck, Nina (2016): „Germany's Next Topseller“. In: zeit.de. 04.02.2016. http://www.zeit.de [Abruf: 13.07.2016].

[7] Vgl. u.a. Thissen, Thorsten (2008): „Heidi Klum und die Knebelverträge ihrer Models“. In: welt.de. 05.04.2008. http://www.welt.de [Abruf: 13.07.2016]; Ehrmann, Sarah (2011): „Anna Lena verlässt den Klum-Kosmos“. In: sueddeutsche.de. 18.09.2011. http://www.sueddeutsche.de [Abruf: 13.07.2016].

[8] Vgl. zu den Zahlen an Anwärterinnen u.a. Brandt-Höge, Erik (2014): „Schock bei Topmodel: Mager-Wahn, Rassismus-Skandal und Klum-Kollaps“. In: bluewin.ch. 07.02.2014. http://www.bluewin.ch [Abruf: 08.11.2016]; K.A. (2016): „Kandidatinnen total planlos“. In: prosieben.de. 04.02.2016. In: http://prosieben.de [Abruf: 08.11.2016].

[9] Vgl. Gräßer & Riffi 2012, S. 26.

[10] Vgl. Maya Götz in Seiler, Sascha (2011): „Was ist los mit den Daily Soaps? Castingshows laufen Soaps den Rang ab“. In: sueddeutsche.de. 29.01.2011. http://www.sueddeutsche.de [Abruf: 09.01.2016].

[11] Vgl. Gräßer & Riffi 2012, S. 22.

[12] Vgl. Pörksen & Krischke 2012, S. 62.

[13] Piatscheck in zeit.de 2016.

[14] Stauber, Barbara (2007): „Germany's Next Topmodel. Vom Heulen und Zähneklappern und dem medialen Umgang mit Selbstinszenierungen”. In: „Betrifft Mädchen“. Jg. 20, H. 3. S. 100-107. Hier S. 103.

[15] Vgl. hierzu Horton, Donald / Wohl, R. Richard (1956): „Mass communication and para-social interaction. Observations on intimacy at a distance”. In: „Psychiatry”. Jg. 19, H. 3. S. 215-229.

[16] Vgl. Gottberg, Joachim v. (2012): „Einleitung". In: Hajok, Daniel / Selig, Olaf / Hackenberg, Achim (Hgg.): „Auf Augenhöhe? Rezeption von Castingshows und Coachingsendungen.". Konstanz. S. 9-16. Hier S. 9.

[17] Vgl. AGF/GfK nach Götz, Maya / Gather, Johanna (2013): „Ich habe heute leider kein Foto für dich. Die Faszination Germany's Next Topmodel". In: Dies. (Hg.): „Die Fernsehheld(inn)en der Mädchen und Jungen. Geschlechterspezifische Studien zum Kinderfernsehen". München. S. 473-528. Hier S. 473.

[18] Vgl. Hickethier, Knut (1999): „Genre oder Format? Veränderungen in den Fernsehprogrammformen der Unterhaltung und Fiktion". In: Joachim v. Gottberg (Hg.): „Mattscheibe oder Bildschirm. Ästhetik des Fernsehens". Berlin. S. 204-215. Hier S. 209ff.

[19] Da Reality-TV im allgemeinen Verständnis und Sprachduktus bei Weitem kein neuer Begriff mehr ist, bleibt eine eingehende Auseinandersetzung mit dem Terminus Reality-TV und den diversen Unterkategorien aus. Auch auf eine ausführliche Erläuterung der Entstehung und Entwicklung von Reality-Formaten soll an dieser Stelle verzichtet werden. Diese würde den Rahmen der Arbeit übersteigen und besitzt hinsichtlich der einleitend dargelegten These wenig Relevanz (vgl. hierzu u.a. Klaus, Elisabeth / Lücke, Stephanie (2003): „Reality TV – Definition und Merkmale einer erfolgreichen Genrefamilie am Beispiel von Reality Soap und Doku Soap". In: „Medien- und Kommunikationswissenschaft". Jg. 51, H. 2. S. 195-212; Keppler, Angela (1994): „Wirklicher als die Wirklichkeit? Das neue Realitätsprinzip der Fernsehunterhaltung". Frankfurt a.M.).

[20] Während narratives Realitätsfernsehen den Rezipienten mit „authentischen oder nachgestellten Wiedergabe[n] tatsächlicher Katastrophen" unterhält, sind Formate im Bereich performativen Reality-TV „Unterhaltungssendungen, die sich zur Bühne herausgehobener Aktionen machen, mit denen gleichwohl direkt oder konkret in die Alltagswirklichkeit der Menschen eingegriffen wird." (Keppler 1994, S. 8f.).

[21] Vgl. Keppler 1994, S.8f.; Lünenborg, Margareth et al. (2011): „Skandalisierung im Fernsehen. Strategien, Erscheinungsformen und Rezeption von Reality TV Formaten". Berlin. S. 21ff.; Klaus & Lücke 2003, S. 199.

[22] Vgl. Lünenborg et a. 2011, S. 19.

[23] Thomas, Wiliam I. / Thomas, Dorothy Swaine (1938): „The Child in America. Behavior Problems and Programs". New York. S. 572.

[24] Vgl. hierzu Götz & Gather, S. 480ff.

[25] Vgl. Pörksen & Krischke 2012, S. 57f.

[26] Ebd., S. 60.

[27] Vgl. Franck, Georg (1998): „Ökonomie der Aufmerksamkeit. Ein Entwurf". München. S. 10.

[28] Vgl. Pörksen & Krischke 2012, S. 60.

[29] Vgl. Gottberg 2012, S. 10.

[30] Gräßer & Riffi 2012, S. 20.

[31] Vgl. Klaus, Elisabeth (2006): „Grenzenlose Erfolge? Entwicklung und Merkmale des Reality-TV". In: Brigitte Frizzoni / Ingrid Tomkowiak (Hgg.): „Unterhaltung. Konzepte – Formen – Wirkungen". Zürich. S. 83-106. Hier S. 93.

[32] Vgl. Pörksen & Krischke 2012, S. 63.

[33] Georg Franck in Pörksen, Bernhard / Krischke, Wolfgang (2010): „Die Casting-Gesellschaft. Die Sucht nach Aufmerksamkeit und das Tribunal der Medien". Köln. S. 130.
[34] Vgl. Pörksen & Krischke 2012, S. 62.
[35] Vgl. Georg Franck in Pörksen & Krischke 2010, S. 129.
[36] Vgl. Pörksen & Krischke 2012, S. 57.
[37] Vgl. Jugend, Information, (Multi-) Media (2011): „Basisstudie zum Medienumgang 12- bis 19-Jähriger in Deutschland". Stuttgart. S.27.
[38] Gräßer & Riffi 2012, S. 23.
[39] Vgl. hierzu Joseph, Ralina L. (2007): „Post Race on America's Next Topmodel". Vortrag auf der ICA Conference.
[40] Vgl. Mears, Ashley 2011: „Pricing Beauty – The Making of a Fashion Model". Berkeley, Los
Angeles. S. 2f.
[41] Ebd., S. 12.
[42] Vgl. ebd., S. 6.
[43] Ebd., S. 9.
[44] Vgl. Jugend, Information, (Multi-) Media (2011). S.27.
[45] Vgl. Götz & Gather 2013, S. 519.
[46] Ebd., S. 480.
[47] Vgl. ebd., S. 480ff.

2. Castingshows als Sozialisationsinstanz im Jugendalter

[48] Vgl. Erikson, Erik H. (1988): „Der vollständige Lebenszyklus". Frankfurt a.M. S. 36f.
[49] Berk, Laura E. (2011): „Entwicklungspsychologie". München. S. 546.
[50] Vgl. Abels, Heinz (2006): „Identität". Wiesbaden. S. 245ff.
[51] Ebd., S. 254.
[52] Mit Haußers Drei-Komponenten-Modell kann die persönliche Identität noch einmal in das Selbstkonzept (kognitive Komponente), den Selbstwert (emotionale Komponente) und die Kontrollüberzeugung (motivationale Komponente) gegliedert werden (siehe hierzu Haußer, Karl (1983): „Identitätsentwicklung". Stuttgart.).
[53] Mummendey, Amélie / Otten, Sabine (2002): „Theorie intergruppalen Verhaltens". In: Dieter Frey / Martin Irle (Hgg.): „Theorien der Sozialpsychologie. Gruppen-, Interaktions- und Lerntheorien". Bd. 2. Bern. S. 95–119. Hier S. 100.
[54] Vgl. Peter, Christina (2016): „Fernsehen als Zerrspiegel. Relevanz und Bedingungen sozialer Vergleichsprozesse im Rahmen der Fernsehnutzung". Wiesbaden. S. 19.
[55] Vgl. Berk 2011, S. 500f.
[56] Vgl. ebd., S.571ff.
[57] Vgl. hierzu die vier Identitätszustände nach Marcia, James E. (1993): „The status of the statuses: Research review". In: Ders. et al. (Hgg.): „Identity: A handbook of psychological research". New York. S. 22-41.

[58] Vgl. Berk 2011, S. 546f.

[59] Vgl. Keupp, Heiner et al. (2008): „Identitätskonstruktionen. Das Patchwork der Identität in der Spätmoderne". Hamburg. S. 274ff.

[60] Vgl. ebd., S. 7f.

[61] Eberlein, Undine (2000): „Einzigartigkeit. Das romantische Individualitätskonzept der Moderne". Frankfurt a.M. S. 7.

[62] Stauber 2007, S. 103.

[63] Vgl. zu den Techniken und Methoden des Selbstmanagements Reither, Saskia (2012): „Kultur als Unternehmen. Selbstmanagement und unternehmerischer Geist im Kulturbetrieb". Wiesbaden. S. 47ff.

[64] Unter Gouvernementalität versteht Foucault eine neoliberale Regierungspraxis wie sie in den meisten westlichen Ländern vorzufinden ist, in deren Zentrum zwar das Wohl der Bevölkerung steht, die aber nach und nach ihre Regierungsverantwortung nach unten an den Bürger delegiert hin zu einer Eigenverantwortlichkeit hinsichtlich Führung und Organisation in den unterschiedlichsten Bereichen – u.a. Gesundheit, Arbeitskraft, Beziehungen, Karriere etc. (vgl. hierzu Foucault, Michel (2000): „Die Gouvernementalität". In: Ulrich Bröckling / Susanne Krasmann / Thomas Lemke (Hgg.): „Gouvernementalität der Gegenwart: Studien zur Ökonomisierung des Sozialen". Frankfurt a.M. S. 41–67.).

[65] Bröckling, Ulrich (2000): „Totale Mobilmachung. Menschenführung im Qualitäts- und Selbstmanagement". In: Ders. / Susanne Krasmann / Thomas Lemke (Hgg.): „Gouvernementalität der Gegenwart. Studien zur Ökonomisierung des Sozialen". Frankfurt a.M. S. 131-167. Hier S. 131.

[66] Stauber 2007, S. 103.

[67] Vgl. Stauber 2007, S. 102.

[68] Vgl. Elkind, David (1980): „Egozentrismus in der Adoleszenz". In: Rainer Döbert / Jürgen Habermas / Gertrud Nunner-Winkler (Hgg.): „Entwicklung des Ichs". Königstein. S. 170-178. Hier
S. 176f.

[69] Vgl. Mietzel, Gerd (2002): „Wege in die Entwicklungspsychologie". Weinheim. S. 338ff.

[70] Stauber 2007, S. 102.

[71] vgl. Koziol, Klaus (1997): „Weltaneignung durch Massenmedien oder das Problem der Überschaubarkeit". In: „Forum Medienethik". H. 1. S. 6-18. Hier S. 6.

[72] Mikos, Lothar (1994): „Fernsehen im Erleben der Zuschauer. Vom lustvollen Umgang mit einem populären Medium". Berlin. S. 9.

[73] Luca, Renate (1998): „Medien und weibliche Identitätsbildung. Körper, Sexualität und Begehren in Selbst- und Fremdbildern junger Frauen". Frankfurt a.M./New York. S. 86.

[74] Vgl. Schweiger, Wolfgang (2007): „Theorien der Mediennutzung. Eine Einführung". Wiesbaden.
S. 61f.

[75] Burkart, Roland (2002): „Kommunikationswissenschaft". Wien. S. 229. Schon Herta Herzog konnte zu Beginn der 1940er Jahre einen Zusammenhang zwischen der Mediennutzung und den Bedürfnissen der Menschen feststellen, sich einerseits mit den Medienakteuren zu vergleichen be-ziehungsweise zu identifizieren sowie andererseits Möglichkeiten zu suchen an der eigenen Identität zu arbeiten (vgl. hierzu Herzog, Herta (1940): „Professor Quiz. A gratification study".

In: Paul F. Lazarsfeld (Hg.): „Radio and the printed page. An introduction to the study of radio and its role in the communication of ideas". New York. S. 64–93; Herzog, Herta (1944): „What do we really know about daytime serial listeners?" In: Paul F. Lazarsfeld / Frank N. Stanton (Hgg.): „Radio research 1942-1943". New York. S. 3–33.).

[76] Vgl. Burkart 2002, S. 222.

[77] Vgl. hierzu Horton & Wohl 1956.

[78] Vgl. Burkart 2002, S. 228f.

[79] Vgl. hierzu Bandura, Albert (1979): „Sozial-kognitive Lerntheorie". Stuttgart.

[80] Vgl. Nerdinger, Friedemann W. (2008): „Grundlagen des Verhaltens in Organisationen". Stuttgart. S. 96ff.

[81] Vgl. Rustemeyer, Ruth (1997): „Geschlechtsspezifische Rollen bei Medienstars". In: Werner Faulstich / Helmut Korte (Hgg.): „Der Star. Geschichte – Rezeption – Bedeutung". München.
S. 99-113. Hier S. 102 & 105.

[82] Vgl. Peter 2016, S. 50.

[83] Schweiger 2007, S. 130.

[84] Vgl. Peter 2016, S. 59.

[85] Ebd., S. 58.

[86] Zwar gibt es keine eindeutige, generische Definition des Terminus Stars, doch Faulstich et al. versuchen sich dem Begriff des Medienstars, der Entertainer, Schauspieler, Sportler, Musiker, Künstler, Filmstars, Politik- und Wirtschaftsprominenz umfasst, anzunähern, indem sie drei wesentliche Kategorien des Star-Phänomens ausmachen: Erfolg, Image und Kontinuität. Während Erfolg die Grundvoraussetzung darstellt, generiert sich das Image über das Angebot der ‚Star-Macher' und des Stars selbst sowie über die Akzeptanz des Publikums. Kontinuität wiederum bezieht sich sowohl auf den anhaltenden Erfolg als auch das Starimage, das sich aus dem professionellen und dem privaten Bild zusammensetz, das der Star seinem Publikum von sich gewährt (vgl. Dies. (1997): „‚Kontinuität' – zur Imagefundierung des Film- und Fernsehstars". In: Ders. / Helmut Korte (Hgg.): „Der Star. Geschichte – Rezeption – Bedcutung". München. S. 11-28. Hier S. 11ff.).

[87] Rustemeyer 1997, S. 101.

[88] Hickethier, Knut (1997): „Vom Theaterstar zum Filmstar". In: Werner Faulstich / Helmut Korte (Hgg.): „Der Star. Geschichte – Rezeption – Bedeutung". München. S. 29-47. Hier S. 31.

[89] Thiele, Jens (1997): „Künstlerisch-mediale Zeichen der Starinszenierung". In: Werner Faulstich / Helmut Korte (Hgg.): „Der Star. Geschichte – Rezeption – Bedeutung". München. S. 136-145. Hier S. 137.

[90] Vgl. ebd., S. 137.

[91] Vgl. Ludes, Peter (1997): „Aufstieg und Niedergang von Stars als Teilprozeß der Menschheitsentwicklung". In: Werner Faulstich / Helmut Korte (Hgg.): „Der Star. Geschichte – Rezeption – Bedeutung". München. S. 78-98. Hier S. 90.

[92] Vgl. Rustemeyer 1997, S. 102.

[93] Vgl. ebd.

[94] Vgl. Lünenborg, Margreth / Töpper, Claudia (2011): „Gezielte Grenzverletzungen – Castingshows und Werteempfinden". In: bpd.de. 10.01.2011. http://www.bpb.de [Abruf: 09.01.2016].

[95] Maya Götz in Seiler auf Sueddeutsche.de 2011.

[96] Vgl. Willems, Herbert (1998): „Inszenierungsgesellschaft? Zum Theater als Modell, zur Theatralität von Praxis". In: Ders. / Martin Jurga (Hgg.): „Inszenierungsgesellschaft". Wiesbaden. S. 23-81. Hier S. 71.
[97] Norbert Bolz in Pörksen & Krischke 2010, S. 73f.
[98] Vgl. Luca 1998, S. 43.
[99] Hackenberg, Achim / Hajok, Daniel / Selg, Olaf (2011): „Orientierung auf Augenhöhe. Nutzung und Aneignung von Castingshows durch Heranwachsende". In: „JMS-Report". H. 1. S. 2-7. Hier S. 2.

3. Drama, Emotionen und Stereotype: *Germany's Next Topmodel* als Seifenoper

[100] Vgl. hierzu u.a. DPA (2012): „ProSieben beendet «Popstars» früher als geplant". In: wn.de. 22.08.2012. http://www.wn.de [Abruf: 08.11.2016]; Sallhoff, Daniel (2015): „Quotencheck: «Popstars»". In: quotenmeter.de. 20.10.2015. http://www.quotenmeter.de [Abruf: 09.01.2016].
[101] GNTM 12, Castingtour (2017): „Du willst 'Germany's next Topmodel 2017' werden?!". In: prosieben.de. k.A. http://www.prosieben.de [Abruf: 06.11.2016].
[102] Jähner, Uli (2005): „,Ich weiß, ich muss noch an mir arbeiten': Über Casting Shows im Fern-sehen." In: „PROKLA. Zeitschrift für kritische Sozialwissenschaft". Jg. 35, H. 141. S. 619-635. Hier S. 626.
[103] Klaus & Lücke 2003, S. 205.
[104] Vgl. ebd.
[105] Fiona Erdmann in Pörksen 2010, S. 106.
[106] Vgl. Bleicher, Joan K. (2000): „Zwischen Menschenzoo, Panoptikum und Dauertheater. Inszenierungsstrategien im ‚Big Brother'-Container und ihre gesellschaftlichen Funktionen". In: „Medien- und Kommunikationswissenschaft". Jg. 48, H. 4. S. 518-536. Hier S. 519.
[107] Klaus & Lücke 2003, S. 201f.
[108] Vgl. GNTM 9, Folge 1 (2014): „Episode 1 – Das Casting". In: prosieben.de. 06.02.2014. http://www.prosieben.de [Abruf: 06.10.2016] & 2.
[109] Göttlich und Nieland wiederum haben Personalisierung, Privatisierung, Intimisierung, Verall-täglichung und Dramatisierung als „vorrangig zur Anwendung kommende Darstellungsprinzipien" von Daily Soaps in ihrer Auseinandersetzung in *Politischer Diskurs als Unterhaltung? Präsentationslogiken von Daily Soaps als Wegweiser* herausgearbeitet (Dies. (1997): „Politischer Diskurs als Unterhaltung? Präsentationslogiken von Daily Soaps als Wegweiser". In: Heribert Schatz / Otfried Jarren / Bettina Knaup (Hgg.): „Machtkonzentration in der Multimediagesellschaft? Beiträge zu einer Neubestimmung des Verhältnisses von politischer und medialer Macht". Opladen. S. 188-202. Hier S. 193). Im Vergleich mit den von Klaus und Lücke als konstitutiv festgehaltenen Eigenschaften findet sich hier die Übereinstimmung von Reality- und fiktionalen Soap-Formaten bestätigt.
[110] Klaus & Lücke 2003, S. 208.
[111] Vgl. hierzu u.a. GNTM 9, Folge 6 (2014): „Episode 6 – Transformation Edition". In: prosieben.de. 13.03.2014. http://www.prosieben.de [Abruf: 06.10.2016]. 6/2: 02:36; GNTM 9, Folge 11 (2014): „Episode 11 – Sexy Edition". In: prosie-

ben.de. 17.04.2014. http://www.prosieben.de [Abruf: 06.10.2016]. 11/2: 26:14 (Jury-Bewertung von Betty).

112 Vgl. Klaus & Lücke 2003, S. 209.

113 Vgl. hierzu u.a. GNTM 9, Folge 5 (2014): „Episode 5 – Die Boys Edition". In: prosieben.de. 06.03.2014. http://www.prosieben.de [Abruf: 06.10.2016]. 5/1: 31:18 (Ivana); GNTM 9, Folge 14 (2014): „Episode 14 – Halbfinale". In: prosieben.de. 04.05.2014. http://www.prosieben.de [Abruf: 06.10.2016]. 14/1: 19:56 (Nathalie).

114 Vgl. Klaus & Lücke 2003, S. 208 & 210.

115 Vgl. Bleicher 2000, S. 519.

116 Vgl. hierzu u.a. GNTM 9, Folge 5/2: 34:58.

117 Vgl. Klaus & Lücke 2003, S. 209.

118 Vgl. Bleicher 2000, S. 521f.

119 Vgl. Wiegard, Daniela (1999): „Die ‚Soap Opera' im Spiegel wissenschaftlicher Auseinandersetzung". Marburg. S. 13.

120 Sido in Pörksen & Krischke 2010, S. 142.

121 Vgl. Bleicher 2000, S. 522.

122 Fiona Erdmann in Pörksen & Krischke 2010, S. 107.

123 Vgl. Keppler, Angela (1996): „Interaktion ohne reales Gegenüber. Zur Wahrnehmung medialer Akteure im Fernsehen". In: Peter Vorderer (Hg.): „Fernsehen als ‚Beziehungskiste': parasoziale Beziehungen und Interaktionen mit TV-Personen". Opladen. S. 11-24. Hier S. 15f.

124 Vgl. ebd., S. 22f.: Die ‚affirmative' Identifikation ist durch eine weitgehende Zustimmung gegenüber der Sicht- und Handlungsweisen des Akteurs gekennzeichnet. Der Rezipient kann sich vorstellen, so zu sein oder zu handeln wie das mediale Vorbild. Bei der ‚hypothetischen' Identifikation ist nur noch eine Zustimmung unter Vorbehalt vorhanden. Es besteht zwar noch der Reiz, die Handlungen der Figur in der Imagination nachzuvollziehen, aber nicht ins reale Leben zu übertragen. Im Falle der ‚negativen' Identifikation findet das Verhalten des Protagonisten keinerlei Zustimmung mehr. Der Rezipient würde nicht einmal dann so handeln wie dieser, wenn er es könnte. Hier kommt jedoch eine interessierte beziehungsweise faszinierte Ablehnung oder gar Abscheu zu tragen.

125 Ebd., S. 23.

126 Die hypothetische Identifikation als Mittelweg zwischen den Extremen soll an dieser Stelle ausgeklammert werden, da sie in ihrer Mäßigkeit zu wenig Aussagekraft für die Untersuchung hat.

127 Der Begriff 'distanzierte affirmative Identifikation' wurde gewählt, um eine Unterscheidung der affirmativen Identifikation im Bereich ‚Bewunderung und Nähe' zu definieren, die im Folgenden als ‚nahe affirmative Identifikation' bezeichnet wird. Denn während die ‚nahe affirmative Identifikation' sich auf die Zustimmung für Charakter und Verhalten außerhalb eines professionellen Kontextes bezieht (sozusagen für die Mädchen in ihrer Inszenierung als ‚Privatpersonen'), wird unter der ‚distanzierten affirmative Identifikation' die Bewunderung von Eigenschaften und Handeln in einem ‚unpersönlichen', professionellen Rahmen wie Shootings und dergleichen verstanden.

[128] Ich habe mich bei der Anführung von O-Tönen der Kandidatinnen oder Jury-Mitgliedern dazu entschieden, den Wortlaut so gut es geht wiederzugeben, auch Dialekte oder Akzente weitestgehend zu berücksichtigen und grammatikalische Fehler beizubehalten. Auf Füllwörter wie ‚ehm‘ oder dergleichen habe ich jedoch verzichtet.

[129] Vgl. GNTM 9, Folge 13 (2014): „Episode 13 – Real World Edition". In: prosieben.de. 01.05.2014. http://www.prosieben.de [Abruf: 06.10.2016]. 13/1: 31:37; GNTM 9, Folge 15 (2014): „Episode 15 – Das große Finale". In: prosieben.de. 08.05.2014. http://www.prosieben.de [Abruf: 06.10.2016]. 15/2: 01:04:18.

[130] Vgl. GNTM 9, Folge 15/2: 43:29.

[131] Vgl. GNTM 9, Folge 1/4: 07:57.

[132] Als ‚First Face' wird bei einer Fashion Show das Model bezeichnet, das bei der Show das erste Outfit auf dem Catwalk präsentiert. Neben dem ‚Last Face‘ (das letzte Model) gilt das ‚First Face‘ als wichtigste Position innerhalb der Show. Hier zeigen die Designer ihre beiden wichtigsten Outfits. Dementsprechend begehrt sind die Plätze bei den Models (vgl. GNTM 9, Folge 2/1: 06:10, 06:44).

[133] Vgl. ebd.: 06:04.

[134] Vgl. GNTM 9, Folge 2/1: 07:24.

[135] Vgl. GNTM 9, Folge 4 (2014): „Episode 4 – Die Body Edition". In: prosieben.de. 27.02.2014. http://www.prosieben.de [Abruf: 06.10.2016]. 4/2: 05:27, 4/4: 03:00.

[136] Vgl. GNTM 9, Folge 12/2: 25:13.

[137] GNTM 9, Folge 7 (2014): „Episode 7 – Extreme Edition". In: prosieben.de. 20.03.2014. http://www.prosieben.de [Abruf: 06.10.2016]. 7/2: 27:00.

[138] GNTM 9, Folge 10 (2014): „Episode 10 – Fashion Week Edition". In: prosieben.de. 10.04.2014. http://www.prosieben.de [Abruf: 06.10.2016]. 10/2: 36:31 (Heidi Klum).

[139] GNTM 9, Folge 14/2: 26:35.

[140] Vgl. GNTM 9, Folge 6/2: 23:42.

[141] Vgl. GNTM 9, Folge 4/1: 38:17; 4/2: 00:05.

[142] GNTM 9, Folge 8 (2014): „Episode 8 – Road Trip Edition". In: prosieben.de. 27.03.2014. http://www.prosieben.de [Abruf: 06.10.2016]. 8/1: 28:57.

[143] Ebd.: 30:12.

[144] Vgl. u.a. GNTM 9, Folge 14/2: 31:51.

[145] Vgl. GNTM 9, Folge 8/1: 53:22.

[146] GNTM 9, Folge 14/2: 31:32.

[147] Vgl. u.a. GNTM 9, Folge 7/1: 44:53; 11/1: 29:49; 14/1: 13:04.

[148] Im Unterschied zu einem Casting steht bei einem GoSee kein konkreter Job dahinter. Es geht lediglich darum, dass der Kunde sich ein persönliches Bild von dem Model machen und es für mögliche Aufträge vormerken kann. (vgl. INSTYLE MODELS (k.A.): „Lexikon: Go & See". In: instyle-models.de. k.A. http://www.instyle-models.de [Abruf: 20.09.2016].).

[149] Vgl. GNTM 9, Folge 13/1: 33:17.

[150] GNTM 9, Folge 10/1: 28:54.
[151] Stauber 2007, S. 104.
[152] Vgl. GNTM 9, Folge 13/1: 42:03.
[153] Vgl. GNTM 9, Folge 11/1: 29:02.
[154] Vgl. GNTM 9, Folge 13/1: 29:19.
[155] Vgl. ebd.: 27:41.
[156] Vgl. ebd.: 40:34.
[157] Vgl. ebd.: 44:04.
[158] Vgl. GNTM 9, Folge 10/1: 33:14.
[159] Vgl. GNTM 9, Folge 14/1: 07:15.
[160] Vgl. GNTM 9, Folge 6/1: 36:20.
[161] Vgl. GNTM 9, Folge 8/2: 10:26; 12/2: 10:23.
[162] GNTM 9, Folge 12/2: 12:28.
[163] Vgl. GNTM 9, Folge 10/1: 39:12.
[164] Vgl. ebd.: 46:17.
[165] Ebd.: 42:08.
[166] Ebd.: 42:49.
[167] Vgl. ebd.: 45:11, 50:44.
[168] Vgl. GNTM 9, Folge 10/1: 43:21.
[169] Vgl. GNTM 9, Folge 13/2: 28:32.
[170] Vgl. GNTM 9, Folge 14/2: 28:58.
[171] Vgl. hierzu u.a. GNTM 9, Folge 5/1: 03:53.
[172] Vgl. hierzu. u.a. GNTM 9, Folge 13/1: 24.28.
[173] Vgl. u.a. GNTM 9, Folge 5/1: 10:35, 17:29, 31:18; 15/2: 43:29.
[174] Vgl. GNTM 9, Folge 11/2: 42:01.
[175] Vgl. GNTM 9, Folge 1/1: 16:57.
[176] Vgl. GNTM 9, Folge 2/1: 14:30.
[177] Vgl. GNTM 9, Folge 1/1: 16:57.
[178] Ebd.: 19:26.
[179] Vgl. ebd.: 16:57.
[180] Vgl. GNTM 9, Folge 11/1: 42:53.
[181] Vgl. GNTM 9, Folge 12/1: 07:42.
[182] Vgl. GNTM 9, Folge 5/1: 08:05; 12/1: 28:27, 35:55, 40:26.
[183] GNTM 9, Folge 14/1: 22:3 .
[184] GNTM 9, Folge 14/2: 50:01.
[185] Vgl. GNTM 9, Folge 9 (2014): „Episode 9 – Expression Edition". In: prosieben.de. 03.04.2014. http://www.prosieben.de [Abruf: 06.10.2016]. 9/1: 11:48.
[186] Vgl. ebd.: 19:44.
[187] Vgl. GNTM 9, Folge 2/1: 14:50.
[188] Vgl. GNTM 9, Folge 8/1: 49:11.
[189] GNTM 9, Folge 12/1: 53:58.
[190] GNTM 9, Folge 13/1: 51:18.
[191] Vgl. GNTM 9, Folge 15/2: 01:02:41.
[192] GNTM 9, Folge 15/1: 30:02.
[193] Ebd.: 19:43.
[194] Vgl. GNTM 9, Folge 7/1: 18:01.
[195] Vgl. GNTM 9, Folge 1/1: 20:53.
[196] Vgl. GNTM 9, Folge 1/4: 00:40, 08:04.
[197] Vgl. GNTM 9, Folge 2/4: 01:09.

[198] Vgl. GNTM 9, Folge 4/1: 37:01; 4/4: 08:04.
[199] Vgl. GNTM 9, Folge 1/3: 03:21.
[200] Vgl. GNTM 9, Folge 2/2: 00:16.
[201] Vgl. GNTM 9, Folge 2/3: 22:32.
[202] Vgl. GNTM 9, Folge 3 (2014): „Episode 3 – Umstyling". In: prosieben.de. 20.02.2014. http://www.prosieben.de [Abruf: 06.10.2016]. 3/3: 24:33; 4/4: 08:54.
[203] Vgl. GNTM 9, Folge 5/2: 27:44.
[204] Vgl. GNTM 9, Folge 6/2: 09:54.
[205] Vgl. GNTM 9, Folge 7/1: 11:30.
[206] Vgl. GNTM 9, Folge 8/1: 24:38, 39:22; 8/2: 02:08.
[207] Vgl. GNTM 9, Folge 10/1: 23:55.
[208] Vgl. GNTM 9, Folge 10/2: 08:20, 42:38.
[209] Vgl. GNTM 9, Folge 10/1: 43:20.
[210] Vgl. ebd.: 15:55.
[211] Vgl. GNTM 9, Folge 8/1: 31:56; 8/2: 00:05.
[212] Vgl. GNTM 9, Folge 9 & 10.
[213] GNTM 9, Folge 10/2: 12:58.
[214] Vgl. ebd.: 24:56.
[215] Vgl. GNTM 9, Folge 14/2: 49:53.
[216] Ebd.: 54:11.
[217] Vgl. GNTM 9, Folge 11.
[218] Vgl. GNTM 9, Folge 14/2: 48:48.
[219] GNTM 9, Folge 15/1: 30:02 (Thomas Hayo), 30:57 (Heidi Klum).
[220] Vgl. u.a. ebd.: 36:29; GNTM 9, Folge 15/2: 40:46, 50:32.
[221] GNTM 9, Folge 1/3: 00:25.
[222] Vgl. ebd.: 00:04.
[223] Vgl. GNTM 9, Folge 1/4: 09:41.
[224] Vgl. GNTM 9, Folge 2/4: 12:52.
[225] Vgl. GNTM 9, Folge 3/1: 01:56.
[226] Vgl. GNTM 9, Folge 3/4: 00:05.
[227] Vgl. GNTM 9, Folge 1/2: 14:52.
[228] Vgl. GNTM 9, Folge 1/3: 07:27.
[229] Vgl. GNTM 9, Folge 1/4: 06:02, 10:32.
[230] Vgl. GNTM 9, Folge 2/1: 06:16.
[231] Vgl. GNTM 9, Folge 2/3: 17:45.
[232] Vgl. GNTM 9, Folge 3/1: 17:09.
[233] GNTM 9, Folge 2/3: 18:35.
[234] GNTM 9, Folge 4/1: 24:11 (Aminata).
[235] Vgl. GNTM 9, Folge 7/2: 32:01.
[236] Vgl. GNTM 9, Folge 8/2: 37:25.
[237] Ebd.: 42:09.
[238] Vgl. GNTM 9, Folge 8/2: 44:26.
[239] GNTM 9, Folge 3/3: 05:36.
[240] GNTM 9, Folge 6/2: 16:26.
[241] Vgl. GNTM 9, Folge 7/1: 04:18.
[242] Vgl. hierzu u.a. GNTM 9, Folge 6/1: 24:44.
[243] Vgl. hierzu u.a. GNTM 9, Folge 14/2: 42:29.
[244] Vgl. GNTM 9, Folge 5/1: 44:03.

[245] Vgl. GNTM 9, Folge 6/2: 31:51.
[246] Vgl. hierzu u.a. GNTM 9, Folge 8/1: 41:28; 8/2: 03:51.
[247] Vgl. GNTM 9, Folge 8/1: 00:59.
[248] Vgl. GNTM 9, Folge 10/1: 24:31.
[249] Ebd.: 43:32.
[250] Vgl. GNTM 9, Folge 4/1: 15:55, 18:42, 24:43.
[251] Vgl. GNTM 9, Folge 6/1: 13:09.
[252] Vgl. ebd.: 10:14.
[253] Vgl. GNTM 9, Folge 7/2: 06:59.
[254] Vgl. GNTM 9, Folge 8/2: 46:03.
[255] Vgl. GNTM 9, Folge 6/1: 38:05.
[256] Vgl. GNTM 9, Folge 9/1: 17:20.
[257] Vgl. GNTM 9, Folge 9/2: 26:46.
[258] GNTM 9, Folge 7/2: 38:37 (Stefanie).
[259] Vgl. GNTM 9, Folge 10/1: 32:35.
[260] Vgl. u.a. GNTM 9, Folge 12/1: 01:37.
[261] Vgl. u.a. GNTM 9, Folge 12/2: 29:48.
[262] Vgl. GNTM 9, Folge 11/1: 20:00.
[263] Vgl. GNTM 9, Folge 11/2: 32:59.
[264] Ebd.: 34:57 (Ivana).

5. Die Faszination junger Frauen an *Germany's Next Topmodel*

[265] Vgl. Stauber 20007, S. 103.
[266] Vgl. ebd., S. 105.
[267] Vgl. Flaake, Karin / King, Vera (2003): „Psychosexuelle Entwicklung, Lebenssituation und Lebensentwürfe junger Frauen. Zur weiblichen Adoleszenz in soziologischen und psychoanaly-tischen Theorien". In: Dies. (Hgg.): „Weibliche Adoleszenz". Weinheim, Basel, Berlin. S. 13-39. Hier S. 13.
[268] Vgl. Fend, Helmut (2005): „Entwicklungspsychologie des Jugendalters". Wiesbaden. S. 222.
[269] Vgl. Luca 1998, S. 88ff.
[270] Vgl. Fend 2005, S. 242.
[271] Vgl. Götz & Gather 2013, S. 479.
[272] GNTM 9, Folge 12/2: 15:36, 20:30.
[273] Vgl. ebd.: 15:30, 20:02.
[274] GNTM 9, Folge 15/1: 04:35.
[275] Vgl. GNTM 9, Folge 15/2: 14:06.
[276] Vgl. GNTM 9, Folge 4/1: 03:30; 4/4: 04:44.
[277] Vgl. GNTM 9, Folge 4/3: 00:04.
[278] Vgl. Götz & Gather 2013, S. 497.
[279] Vgl. GNTM 9, Folge 6/2: 26:20.
[280] Vgl. GNTM 9, Folge 14/2: 30:55, 40:47.
[281] Stauber 2007, S. 104.
[282] ebd., S. 103.
[283] Vgl. GNTM 9, Folge 10/1: 49:13.

[284] Vgl. GNTM 9, Folge 10/1: 53:47.
[285] Götz & Gather 2013, S. 486.
[286] Vgl. GNTM 9, Folge 11/1: 38:27.
[287] Vgl. Götz & Gather 2013, S. 519.
[288] Vgl. Ludes 1997, S. 89.
[289] Vgl. GNTM 9, Folge 2/3: 09:44; 2/4: 11:45.
[290] Vgl. GNTM 9, Folge 7/1: 29:36.
[291] GNTM 9, Folge 8/1: 49:41.
[292] Ebd.: 49:30.

Abbildungen